物流配送干扰管理模型及其求解方法

丁秋雷　著

西北工業大學出版社

西　安

【内容简介】 本书内容包括干扰管理研究评述、物流配送系统干扰管理研究的问题与思考、基于前景理论的物流配送干扰管理模型研究、物流配送受扰延迟问题的干扰管理两阶段决策方法、客户时间窗变化的物流配送干扰管理模型——基于行为的视角、考虑客户消费行为的物流配送干扰管理模型、鲜活农产品冷链物流配送的干扰管理模型研究、物流配送受扰延迟问题的干扰管理模型研究、快件配送地址变化的干扰管理模型研究、行驶时间延迟下物流配送干扰管理模型——基于客户终身价值的视角、考虑新鲜度的农产品冷链物流配送受扰恢复模型以及物流配送干扰管理模型的求解方法研究等12章。

本书可供从事相关工作的人员阅读、参考。

图书在版编目（CIP）数据

物流配送干扰管理模型及其求解方法 / 丁秋雷著
. 一 西安 : 西北工业大学出版社, 2021.5
ISBN 978-7-5612-7753-9

Ⅰ. ①物… Ⅱ. ①丁… Ⅲ. ①物资配送－物资管理－研究 Ⅳ. ①F252.2

中国版本图书馆 CIP 数据核字(2021)第 096455 号

WULIU PEISONG GANRAO GUANLI MOXING JIQI QIUJIE FANGFA
物 流 配 送 干 扰 管 理 模 型 及 其 求 解 方 法

责任编辑：付高明
责任校对：李阿盟
出版发行：西北工业大学出版社
通信地址：西安市友谊西路 127 号　　邮编：710072
电　　话：（029）88493844　88491757
网　　址：www.nwpup.com
印 刷 者：北京市兴怀印刷厂
开　　本：710 mm×1 000 mm　1/16
印　　张：11.75
字　　数：178 千字
版　　次：2022 年 1 月第 1 版　2022 年 1 月第 1 次印刷
定　　价：79.00 元

前　言

物流配送过程中，货物的配送地址由于某些原因可能临时发生变化，有可能使正在执行的配送方案变得不可行。货物的配送地址发生变化后，如何快速有效地生成调整方案，以尽量小的扰动，尽快恢复系统的正常运行，对于提升物流效率具有重要的意义，是未来物流行业发展的重要方向。

在物流配送干扰过程中，如何度量系统的扰动程度，并快速形成使系统扰动最小的调整方案，已成为物流配送系统亟待解决的问题，也是干扰管理研究领域的关键和核心问题。对物流配送系统的扰动进行定量分析，利用数学模型求解出应对扰动的调整方案，这是提高决策科学性的重要手段。然而，由于物流配送系统的高度复杂性以及干扰管理问题的实时多目标性，现有的理论和方法难以有效地兼顾多方利益，形成使系统扰动最小的调整方案。

本书从不同的角度出发，通过数据分析、模型搭建等方式对物流配送干扰管理的过程进行了分析和研究，主要内容包括：干扰管理研究评述、配送系统干扰管理研究的问题与思考、基于前景理论的物流配送干扰管理模型研究、物流配送受扰延迟问题的干扰管理两阶段决策方法、客户时间窗变化的物流配送干扰管理模型研究——基于行为的视角、考虑客户消费行为的物流配送干扰管理模型、鲜活农产品冷链物流配送的干扰管理模型研究、物流配送受扰延迟问题的干扰管理模型研究、快件配送地址变化的干扰管理模型研究、行驶时间延迟下物流配送干扰管理模型——基于客户终身价值的视角、考虑新鲜度的农产品冷链物流配送受扰恢复模型、物流配送干扰管理模型的求解方法等内容。

干扰管理作为一种实时处理干扰事件的方法论,主要针对经常性干扰事件的处理和管理。但是干扰管理是一个非常复杂的模型，有待进一步研究。

在编写本书的过程中，笔者参考了大量文献资料，在此向这些作者表示衷心的感谢！

由于水平和时间的限制，书中难免存在一些问题和不足，希望广大读者积极指正。

著　者

目　录

第 1 章　干扰管理研究评述

客观世界存在的不确定性（Uncertainty）使得人们经常处于变化莫测的环境之中，各种随机事件或多或少地对人机系统产生不同程度的影响和干扰，使得事先制定好的计划可能变得不可行，使系统变得不正常。干扰事件发生后，需要及时处理干扰事件对系统的影响，以尽量小的扰动，尽快恢复系统的正常运行。这就是干扰管理（Disruption Management）致力研究解决的问题。

美国德克萨斯大学奥斯丁分校的 Gang Yu 教授是干扰管理领域一位很有影响的学者，对干扰管理的研究与应用做出了杰出的贡献。他将干扰管理定义为：在计划开始阶段，用优化模型和求解算法得出一个好的运行计划；在计划实施中，由于内外部不确定因素导致干扰事件的发生，使原计划变得不可行，需要实时地产生新计划。新计划要考虑到原来的优化目标，同时又要使干扰带来的副作用最小化。

干扰管理需要针对各种实际问题和干扰事件的性质，建立相应的优化模型和有效的求解算法，快速、及时地给出处理干扰事件的最优调整计划。该调整计划不是针对干扰事件发生后的状态完全彻底地重新进行建模和优化，而是以此状态为基础快速生成对系统扰动最小的调整方案，虽然也考虑节省费用，但它往往不是费用最省的方案。

多年来，国内外学者从多个侧面采用多种方法对不确定性决策问题及干扰事件等开展了研究，并形成了相应的理论和方法，如 Scheduling 和 re-scheduling 方法、应急管理等，但是这些与干扰管理方法有着明显的区别，主要体现在 4 个方面：

（1）干扰管理解决问题的思路与 scheduling 和 re-scheduling 方法有着

明显的差别。干扰管理是针对干扰事件产生的状态对原方案的局部优化调整，目标是使扰动最小并适当兼顾节省费用，但并非费用最小。Scheduling 和 re-scheduling 方法则是从干扰事件发生后的状态出发，对系统重新进行全局优化调整，虽然可以实现费用最低，但可能对系统的扰动较大，可能使得新方案不可行。这在航班延误的处理方面体现得尤为明显。当航班延误之后，如果采用 scheduling 和 re-scheduling 方法对所有航班重新规划和安排，虽然能够得到一个费用最优的航班飞行计划，但是需要耗费大量的人财物力，而且可能导致大部分乘客重新购票和换乘，对乘客的扰动太大，从而导致该方案不可行。

（2）干扰管理和应急管理也有着明显的不同。尽管应急管理也是以干扰事件作为研究对象，但是干扰事件按照发生的频率、产生的影响和处理时间的及时性和紧迫性，可以分为经常性的干扰事件和突发性的干扰事件。干扰管理主要针对经常性的干扰事件，如工业生产中的暂时缺货现象、交通运输中出现的堵塞现象以及航班的延迟等，研究消除其干扰的策略和措施。而诸如“9·11 事件”“SARS 事件”等突发性的干扰事件往往具有连锁反应和处理时间的及时性和紧迫性等特点，因此属于应急管理的研究范畴，其成果主要集中在突发事件的应急对策和预案方面。

（3）不确定性决策理论作为一种数学决策理论，主要是针对信息不完整和不对称等造成的不确定性问题进行科学合理的预测和决策，已在工业、农业、交通运输和国防等领域得到较广泛的应用；干扰管理则侧重于干扰事件发生后对原计划的调整，减小干扰带来的副作用。

（4）虽然在电工电子学领域已有大量的消除电子系统干扰的抗干扰手段和成果，但经济管理领域的干扰问题与电工电子学领域的问题有着本质的不同，难以移植相应的抗干扰手段和成果应用于经济管理问题。

关于干扰管理的研究，国外在这方面起步较早，研究成果多侧重于模型与算法的研究，并在航空、物流等多个领域取得了显著的经济效益；国内的研究则刚刚起步。随着 2003 年 8 月美国加拿大的大面积停电、2005 年底中国松花江的水污染以及 2007 年 3 月中国北方的暴风雪等事件的发生，干扰管理日益受到广泛关注，目前已成为学术界和有关部门研究的热点。为了推动并进一步深化该领域的研究，本章将对干扰管理的研究进行总结和评述，概述干扰管理思想的形成及发展，分析干扰管理的模型与算法，并重点介绍干扰管理在航运、物流配送、供应链、机器调度及项目管理等问题中的应用。文章最后对这一前沿理论从发展重点和未来应用等方面探讨了干扰管理的进一步研究方向。

1.1　干扰管理思想的形成及发展

关于干扰的研究早在 20 世纪七八十年代就已经开始，但是直到九十年代干扰管理这一概念才明确提出。Gang Yu 在干扰管理的研究与应用上是一位集大成者，对其思想的形成做出了巨大的贡献。Gang Yu 首先将干扰管理应用在航空领域。1993 年暴风雪袭击了美国，使得东南部积雪厚达 20 英寸，东海岸一带飞机停飞。美国大陆（Continental）航空公司的基地之一——纽瓦克（Newark）机场被迫关闭了两天。由于没有采取有效的应对措施，大陆航空公司在这场暴风雪中损失惨重。灾难发生以后，Gang Yu 为大陆航空公司研制了一套恢复航班正常运行的软件系统“Crew-Solver”，较好地解决了这一问题。在 2000 年元旦期间的暴风雪以及 2001 年的“9・11 事件”中，“Crew-Solver”系统每次都为大陆航空公司节省约 100～500 万美元。

随着干扰管理方法在航空领域的成功应用，很多学者对其产生了浓厚的兴趣，并将该思想成功地应用于其他领域，干扰管理的思想逐渐形成。作为在干扰管理领域具有重要影响的学者，Gang Yu 给出的干扰管理的定义可分为三层意思来理解：①制定并执行最优或次优计划；②识别干扰事件；

③形成有效的使系统扰动最小的干扰管理新方案。Gang Yu 提出的干扰管理定义为干扰管理思想的形成奠定了基础。Clausen 等也基本认为干扰事件发生后，干扰管理的目标是使新方案相对于原方案的扰动最小。国内学者陈安等对干扰管理也做了比较深入的研究。他认为干扰管理是能够使事件回到原始状态的一种管理方法，主要面对的是稍微偏离原计划状态的事件，而这样的偏离只是一种微小的偏离，没有造成很大的负面影响，可以通过积极的管理进行纠正。陈安并且将干扰管理和应急管理做了严格的区分，他认为应急管理面对的是一个无法挽回的损失或灾难事件，只能通过努力减少损失或者终止损失事件的蔓延，而无法在成本不增加的情况下使状态恢复到损失之前。

干扰管理自提出后得到了较快的发展。虽然目前学术界仍未对其进行明确的定义，但是干扰管理的思想已经形成，相应的理论与方法也将逐步发展和成熟。

1.2 干扰管理模型及其求解算法

目前在干扰管理的研究中，针对干扰事件建立的模型主要有两种，即网络图模型和数学模型。针对这些模型的求解算法也可分为两种，一种是精确算法，另一种是启发式算法。下面从干扰管理模型及其求解算法两方面展开评述。

1.2.1 干扰管理的模型

1. 网络图模型

网络图模型是一种描述网络各组成要素之间关系的模型。Hane 等首先将该模型引入到航空领域，用于解决机组调度问题。随后 Jarrah 等学者对模型进行了修改和扩展，构造了时空网络图模型（Time-Space Network

Model）。Yu 等在航空领域的干扰管理研究中，通过在时空网络图上增加虚拟的延迟航班和保护航班作为干扰管理方案，并设定这些虚拟航班相应的运作成本和保护成本，使受到诸如机械故障、天气影响等原因造成的航班取消或延迟的损失大大降低。

网络图模型将问题中各个要素及要素之间的关系直观地表达出来，可以增强问题的可识别性，降低问题的求解难度。但是由于其表达能力有限，该模型缺乏解决复杂问题的能力。

2．数学模型

由于干扰管理所要解决的问题是复杂多变的，而数学模型可以针对不同条件，建立满足需要的模型。因此，目前针对干扰管理数学模型的研究较多。其数学模型的基本形式如下：

$$\min f(x) \tag{1-1}$$

$$\text{subject to } x \in X \tag{1-2}$$

式（1-1）为目标函数，$f(x)$ 是扰动程度的函数；式（1-2）为约束条件。干扰发生后，目标函数是根据扰动评价标准，使新方案相对于原方案的扰动程度最小。扰动评价可考虑使客户的满意程度最大、与原路线的偏离最小等。

例如在最短路问题中，Yu 提出干扰事件发生后的数学模型为

$$\min[K_1 g(a^+, a^-) + K_2 h(x)] \tag{1-3}$$

$$\text{subject to} \begin{cases} x \in \hat{X} \\ x + a^+ - a^- = x^0 \\ a^+, a^- \geqslant 0 \end{cases} \tag{1-4}$$

式中，x 是出现干扰后的新路线；$\hat{X}$ 是 x 的可行集；x^0 是原路线；K_1,

K_2 为权系数，且 $K_1+K_2=1$； $g(a^+,a^-)$ 是 x 与 x^0 不同的路段数； a^+ 是在 x^0 中而不在 x 中的路段， a^- 是在 x 中而不在 x^0 中的路段； $h(x)$ 是 x 的成本。

目标函数是使 $g(a^+, a^-)$ 与 h（x）的加权和最小，从而实现系统的扰动程度最小。

数学模型的特点是对参数的容纳能力较强，能够很好地表达复杂的问题。此外，这种模型的灵活性也较强，目标函数和约束条件能够随着问题条件的变化而改变。但是，这种模型本身也是十分复杂的，因此求解非常困难。

1.2.2 干扰管理模型的求解算法

1. 精确算法

采用精确算法求解干扰管理模型的代表性研究成果有：Teodorovic 等提出的解决航班干扰问题的分支定界法、Qi 等提出的求解机器调度干扰问题的动态规划算法、杨磊等提出的解决 TSP 扰动恢复问题的轮换算法等。

尽管上述学者采用精确算法都较好地求解了干扰管理模型，但是由于精确算法在求解具体问题时得到的是最优解，需要耗费较长的时间，因此精确算法一般只适用于规模较小的问题。当问题的规模增大时，精确算法很难在有限的时间内得到问题的最优解，这样将难以满足干扰管理实时性的特点，因此目前采用精确算法解决干扰问题的研究成果相对较少。

2. 启发式算法

运用启发式算法求解干扰管理模型的研究成果较多，代表性的成果有：Larsen 等提出的局部搜索算法、SMITH 等提出的优先选择的迭代搜索算法、Huisman 等提出的聚类-重排算法、王明春等提出的禁忌搜索算法等。

启发式算法可以通过运用经验等启发式信息以及实验分析来求解问题。干扰管理的核心思想是新方案相对于原方案的扰动最小，因此启发式算法可利用原方案中的信息，采用局部优化调整的方法使系统的扰动最小。此外，在求解具体问题时，启发式算法可以经过少量的计算，在较短的时间内得到问题的最优解或近似最优解，因此启发式算法非常适合于求解复杂性、实时性较强的干扰管理问题。然而，也正是由于干扰管理具有较强的实时性，因此启发式算法的求解速度还有待于提高。

1.3　干扰管理应用研究的概述

干扰管理目前已经广泛应用于许多领域，主要包括：航空运输、物流配送、供应链管理、机器调度及项目管理等。

1.3.1　航空客运问题的干扰管理

Teodorovic 等率先开展了航空客运干扰恢复问题的研究。他们主要针对一个或多个航班无法正常飞行问题，研究如何使乘客的延迟达到最小。他们提出一种以带有额外约束条件的网络图为基础的模型，并利用分支定界法对模型进行求解，并求解了具有 8 个航班的干扰恢复问题，证明了上述方法的可行性。但是当航班规模更大时该方法是否有效，还有待于进一步研究。

Wei、Yu 等针对被干扰航班机组人员的安排问题，提出了处理该问题的整数规划模型，该模型可以看作整数的多商品网络流问题，并采用改进的分支定界法进行求解。他们将每一个航班上的机组人员作为一个整体，并且每组人员仅仅能为一类航班服务，采用美国大陆航空公司的干扰案例对算法进行测试。实验表明，当被干扰的航班达到 20 架时，该方法仍能在较短的时间内得到理想的解决方案。

Lettovsky 等提出了处理乘客恢复问题的解决方案。它用乘客流模型（Passenger Flow Model，PFM）来评价干扰对乘客的影响，并采用“出发地-目的地”的矩阵来表示乘客的期望要求。PFM 的主要目标是通过重新分配可利用的座位，使乘客的收益达到最大化。PFM 主要分为三个阶段，首先按照乘客的出行路线将他们聚集在一起，然后确定受干扰航班的可行路线，最后根据产生的路线，确定使乘客收益最大的座位分配方案。

Larsen 等提出了航空干扰管理中航班调度的交换、延迟和取消的方案。提出使成本扰动最小的局部搜索算法，该算法可以在 10 秒内产生可行的高质量的航班调度修正方案，解决受干扰的航班调度与恢复问题。该文最后指出在航班调度中如何有效地解决机组人员和乘客的调度，将是未来航空干扰管理面临的重要挑战。

Yu 等针对机器故障、天气影响等原因造成的航班取消或延迟等干扰，采用时空网络图模型、多目标规划模型、预案管理模型（Scenario-based Model）、实时优化（Real-time Optimization）、偏离成本（Deviation Costs）及应急管理时间窗（Disruption Management with Windows）等多种技术，开发了航班、机组人员与乘客干扰恢复的决策支持系统——“Crew-Solver”系统。和其他求解方法相比，该系统求解航空干扰问题，如美国“9·11”事件，能求出更好的结果。

SMITH 等提出了航班和油轮资源持续管理的调度模型，运用了优先选择的迭代搜索算法对模型进行求解，研发了具有自动和半自动调度能力的调度工具，提供了具有优先级的重新优化技术，实现尽可能不影响原有调度计划的干扰管理方案。

马辉等针对航空调度中频繁发生的干扰问题，以提高顾客利益与航空公司利益的综合效应为目标，重点从数学模型和求解算法方面对鲁棒调度与受扰恢复策略进行研究，其成果对航空问题的干扰管理有借鉴作用。

1.3.2　物流配送的干扰管理

Li 等提出解决具有单供货点的车辆重新调度问题的决策支持系统。其原理为干扰事件发生后，从配送中心安排候备车辆来解决受干扰的线路。他们建立了重新调度的数学模型，目标函数为车辆运行费用和延迟费用成本最低。对于具有 1 300 条路线的物流配送问题，大概需要 300 个候备车辆才能解决干扰发生后的重新调度问题。较大的候备车辆数使得问题的求解十分困难，因此他们设计了候备车辆处理方案，并采用城市中固体废物回收处理的车辆调度问题验证了该方法的可行性。

Zeimpekis 等提出处理城市物流配送中干扰问题的管理系统框架。他们首先对物流配送中的干扰问题进行了分类，然后设计了解决车辆延迟问题和车辆抛锚问题的管理系统，系统的核心是决策支持模块，当干扰发生后，在不违反用户时间窗约束的条件下，对车辆路线进行重新安排，目标函数为延迟费用最小和被服务的客户数量最大。

Giaglis 等提出基于事件驱动的城市物流配送实时决策支持系统的框架。该系统主要由以下 3 个子系统组成：前台子系统、交互子系统及后台子系统。前台子系统主要由移动设备构成，负责将车辆的状态、位置等必要的信息记录下来；交互子系统利用 GPS、GSM 等将前台子系统的信号传递到后台；后台子系统主要由一个决策支持系统构成，当发现交互子系统传来的信息与原计划偏离时，重新对车辆进行分配。

Potvin 等以快递公司为研究对象，针对收集任务过程中经常遇到的新增客户需求和旅行时间干扰的问题，构建以车辆行驶时间、客户延迟服务时间及返回中心库房延迟时间加权总和最小的目标函数。在模型求解中，他们提出容忍度（tolerance）的概念，即在遇到干扰的情况下，如果车辆在可以容忍的延迟时间范围内，则不需要进行重新调度。实验表明，在偏离原计划的情况下，对原计划进行一定程度的容忍经常会获得更好的结果。

Huisman 等提出用于解决具有旅行时间延迟的多车场车辆调度问题的鲁棒性方法。该方法主要是运用聚类-重排算法，按车场对客户进行分配，将多车场的车辆调度问题转化为单车场问题。针对单车场的车辆调度问题，当 T 时刻遇到干扰而产生延迟时，将 T 时刻以后的问题分段解决，其目标函数包括三部分：车辆使用数、客户服务时间延迟数的百分比及延迟费用。实验表明，与通过增加车辆的固定缓冲时间相比，他们提出的方法成本更低。

王明春等提出一种 VRPTW 的扰动恢复策略。针对 VRPTW 中遇到的需求扰动和时间窗的变化，将其干扰管理模型的目标函数定义为网络运行的费用及与原计划偏离所需费用的加权和，其中与原计划偏离所需费用是相对原计划增加或减少的边的函数。他们采用交换法与禁忌搜索算法相结合的方法对干扰管理模型进行求解。实验表明，他们提出的方法能够在较短的时间内对干扰进行恢复。

张育宏针对道路发生交通拥堵而导致日常调度计划不能按时完成的情况进行了讨论。其模型考虑了使集货、送货和集送一体化，目标是使用最少的车辆、在最短的时间内准时完成剩余客户的配送要求。当发生交通堵塞时，将发生交通堵塞的点作为一个虚拟的客户，从而确定发生交通堵塞后新的两点间的行驶时间。该模型用启发式算法进行求解。他还建立了物流配送车辆应急调度系统。

傅克俊等分析了物流配送系统和物流配送的典型数学模型，研究了突发事件的分类以及对物流配送系统的影响，提出了基于突发事件的面向对象的物流配送建模构想，为进一步研究突发事件的处理、运输调度的实时控制，提供了理论依据和技术方法的支持。

1.3.3 供应链的干扰管理

关于供应链的干扰管理，Qi 等为实现需求干扰对供应计划影响成本最小的目标，提出需求不确定的单供应商—单零售商的供应链协调模型及其批量折扣的协调解决方法，用以修改生产计划的供应链协调规划而不是重新制定计划，尽可能减少需求干扰对原计划的影响。他们指出：当市场需求量波动 ΔD 不超过一定范围时，原始的最优订货数量可保持不变，只需零售价格发生变化，以平衡市场需求量的变化；当 ΔD 超过一定范围时，则使整个供应链收益最大的订货数量和零售价格都要相应地发生变化，并给出了最优值。

于辉等在 Qi 的基础上进行了更深入的研究，其模型与 Qi 基本相同。他们讨论了数量折扣契约下价格敏感系数发生变化以及回购契约条件下市场需求量发生异常变化时，对整个供应链的收益、供应链中各方的收益以及供应链协调机制的影响，得到了与 Qi 相似的结论。

Lewis 等提出了港口临时关闭的运输供应链干扰的马尔科夫决策模型及其简化的排队求解算法，尽可能降低港口关闭对运输供应链成本的影响，研究结果表明港口关闭的期望时间长短比港口关闭对库存管理的优化影响更大，并强调了政府干预有助于更好地解决干扰问题。

此外，Cachon、Corbett 等研究了供应链中最优订货点和订货数量，Haneveld 等研究了生产能力出现不确定的情况下对订货点和订货量的影响，张存禄等运用目标规划研究了供应商数量与供应链风险、采购和生产成本的关系，宁钟等研究了期权在供应链风险管理中的应用。

1.3.4　机器调度的干扰管理

Bean 等针对机器调度的干扰问题，首先强调扰动恢复的重要性。因为原计划制定后，大量的准备工作已经完成，包括原材料、机器设备及人力资源等。原计划的改变将会对这些准备工作造成巨大的消极影响。因此他们提出时间匹配（match-up time）的概念，即在某一个时间点后使新计划恢复到与原计划相同，使新计划与原计划的偏离最小。他们采用一种改进的启发式算法来解决时间点的确定及干扰发生后到这一时间点的任务安排。

Abumaizar 等提出了机器调度中遇到多个干扰的解决方案。与遇到单一干扰不同，遇到多个干扰时，下一个干扰问题的解决必须以前一个干扰问题的解决方案为初始计划。

Qi 等针对机器调度中初始计划采用最短处理时间（shortest processing time，SPT）规则的问题，将扰动费用纳入到新计划的目标范围内，建立原计划和新计划扰动费用偏差最小的模型。他们针对机器干扰和工件干扰问题，采用两种不同的干扰管理策略，即后干扰管理（post-disruption management，post-mgt）和先干扰管理（predictive disruption management，pred-mgt），利用动态规划方法对模型进行求解。

Lee 等针对机器调度中机器遇到干扰的问题，研究了未完成工件的处理问题，提出两种处理方法：一种是将未完成的工件安排到其他机器上，这种情况下需要额外的运输时间和费用；另一种方法是等待受干扰的机器恢复后继续对工件进行处理。针对上述解决方案，建立了“目标函数为使初始的费用函数、可能的运输费用及与原计划偏离产生的干扰费用总和最小”的数学模型。

Kouvelis 等采用鲁棒调度的方法处理双机流水车间（two-machine flow shop）的工件干扰问题。该方法针对工件调度中可能发生的最严重的干扰问题建立解决方案，采用精确算法和启发式算法分别求解。实验表明，和其他方法相比，鲁棒调度可以有效地防范原计划的偏离，但这也会造成资源的极大浪费。

1.3.5 项目管理的干扰管理

Al-Fawzana 针对受时间限制和资源限制的项目规划问题，提出了有限资源的鲁棒项目规划模型及其双目标的禁忌搜索算法，有效地解决了项目管理中的干扰问题。不过，不受新资源限制的多执行模式的模型有待于进一步研究。

Hur 等针对项目管理中工作人员因工作时间不同而带来的干扰，提出了带有优先权的项目调度模型，利用调整工作人员的工作时间来解决干扰。

Zhu 等提出了有限资源的项目调度的干扰管理整数规划模型及其求解方法，研究了使干扰事件对项目调度恢复成本影响最小的解决方案。

1.3.6　干扰管理的其他应用研究

Ehrhoff 等提出运用决策树和运筹学优化方法制定具有健壮性的工业计划，有效地解决了工业计划中的干扰管理问题。O'Donoghue 等提出了纺织品生产企业的维修管理系统，较好地解决了企业生产过程中的干扰恢复问题。杨磊等给出了 TSP 扰动恢复问题的数学模型，并采用轮换算法进行求解。

1.4　未来的研究方向

尽管干扰管理研究已取得了较大的进展，但是目前的干扰管理方法解决实际问题还存在许多局限。近年来，作者结合国家自然科学基金项目、辽宁省高等学校优秀人才支持计划的研究，对干扰管理进行了初步探讨。根据近一段时间该领域的动态和趋势，作者预计未来干扰管理的研究将会集中在以下几个方面。

1.4.1　扰动的度量方法及干扰事件的影响分析与评价方法

干扰事件发生后，首先应该判断它是否对原计划产生影响（即是否产生干扰），是否可以用干扰管理的相关理论来解决。目前大多数学者都是主观判定干扰的产生，这在发生严重影响原计划的不确定性事件时，如暴风雪导致车辆、航班短期内无法运行等，可以认为产生了干扰。但是对于其他不确定性事件，如物流配送中的交通堵塞、机器调度中的机器故障等，就很难判断是否产生了干扰。因此，如何度量干扰事件产生的扰动，是干扰管理需要解决的首要问题。

对于干扰事件发生后，如何分析和评价它对整个系统产生的影响，还需要根据具体问题来研究其分析和评价方法。此外，如何根据具体条件判定系统的扰动是否最小，也是干扰管理的难点问题，目前对这方面的研究较少，也是干扰管理亟待解决的问题。

1.4.2 干扰管理的模型、算法及其应用系统研究

目前，干扰管理模型大多采用数学模型的方式，目标函数是使扰动最小。但是由于干扰管理问题较为复杂，其数学模型也较复杂且抽象，因此其建模工作就很困难。由于干扰管理中系统的扰动评价是依赖于原方案的，因此可以从问题中抽取相关的知识，运用人工智能和知识工程理论，提出基于知识的建模方法，建立干扰管理的知识化模型，为干扰管理策略的快速生成创造条件。此外，由于仿真模型具有描述问题直观、建模工作相对简单、易于求解等优势，因此采用仿真方法来求解干扰管理问题也是值得研究的方向。

另外，由于干扰管理需要实时地处理各种随时发生的信息，对处理时间的要求较高。而上述模型的求解大多是 NP-hard 问题，因此求解起来十分困难。在这种情况下，开发实时高效的算法也是需要进一步研究的课题。

除了上述模型与算法等研究之外，针对具体问题，开发相应的软件系统，将已有的干扰管理理论应用于解决实际问题，这也是富有实用价值的研究方向，有利于干扰管理理论的推广与普及。

1.4.3 干扰管理理论体系的构建

目前干扰管理的相关理论方法，大多是针对特定的问题而提出的，当

问题的条件和客观情况发生变化后，原有的方法就不再适用了。因此，应该对现有的干扰管理成果和方法进行总结和提炼，逐步升华为相应的理论和方法，形成理论体系，这是干扰管理研究追逐的目标。它将拓展干扰管理的应用领域。当然，由于问题的复杂性和求解的实时性要求，要形成干扰管理的理论体系，还有很多理论问题需要进一步研究和解决。

本章我们对干扰管理的研究进行了评述，并指出了进一步的研究方向。干扰管理方法经过近几年的快速发展，已成功用于求解许多实际问题，其发展前景十分广阔。但是，作为管理科学领域一种新理论和新方法，由于其求解问题的复杂性，干扰管理还有许多不完善之处，需要开展更深入的研究。可以预测，随着研究的深入，干扰管理将具有越来越广阔的应用前景。

第 2 章　物流配送系统干扰管理研究的问题与思考

不确定性是客观世界的本质属性和普遍规律，它使我们的世界始终处于动态、活跃和复杂的变化之中。物流配送中，不确定性事件的发生也是不可避免的，甚至常常是不可预见的，如车辆故障、道路堵塞、天气变化等，从而对事先制定好的计划产生干扰，甚至变得不可行。干扰事件发生后，需要及时处理干扰事件对系统的影响，以尽量小的扰动，尽快恢复系统的正常运行。这就是干扰管理致力研究解决的问题。

对于物流配送系统的干扰管理研究，国外在这方面的起步较早，研究成果多侧重于模型与算法，在该领域取得了显著的经济效益，国内的研究则刚刚起步。为了推动并进一步深化该领域的研究，本章将分析干扰管理与其他不确定性决策方法的区别，从干扰管理的理论与方法、干扰管理的应用研究两方面概括干扰管理的研究进展，在此基础上，探讨物流配送系统干扰管理领域仍然存在的难点问题，最后从发展重点和未来应用等方面，提出物流配送系统干扰管理研究的几点思考。

2.1　干扰管理的国内外研究进展

由于各行各业都存在着大量的干扰事件，因此干扰管理已成为国际学术界前沿性的热点研究课题。本节从干扰管理的理论与方法方面阐述该领域的国内外研究进展。

1. 干扰管理模型的研究进展

国内外学者根据干扰事件的特点以及实际问题所属的领域，提出了许多解决实际问题的干扰管理模型。综观这些干扰管理模型，可以大致分为两类：一类为图模型，另一类为数学模型（见第 1 章 1.2.1 节）。图模型又可以分为两类，一类是时空网络图模型，另一类是基于 PERT 图（Program Evaluation and Review Technique Chart）的干扰管理模型。

（1）时空网络图模型。时空网络图模型是一种描述组成网络各要素之间关系的网络流模型。该模型由 Hane 等提出并用于求解航空机组的调度问题，其后 Jarrah 等很多学者将该模型进行修改和扩展，将成本最小网络流问题抽象化，构造出基于时空网络图模型的线性整数规划模型。Gang Yu 等在航空领域的航班调度干扰管理问题的研究中，在时空网络图上增加虚拟的延迟航班和保护航班作为干扰管理方案，并相应地设定这些虚拟航班的运作成本和保护费用，使受到诸如机械故障、天气影响等原因造成的航班取消或延迟造成的损失大大降低。

（2）PERT 图模型。PERT 图是一种出现于 20 世纪 50 年代后期的网络计划技术。PERT 图模型是一种有向图，通过描述各项作业及其关系，找出项目的关键路线，可以有效地控制和管理项目进度。Li Ping 等采用 PERT 图建立了非确定性项目网络的风险调度预测模型，提高了预测的准确性。罗守成对 PERT 图中各项作业的延误对总工期和总费用的影响进行了研究，提出按照各项作业的重要性而不仅仅是根据延误时间长短来计算延误时间惩罚的方法。

2．干扰管理算法的研究进展

目前，干扰管理问题的求解算法主要分为精确算法和启发式算法两大类，详见第 1 章 1.2.2 节。

2.2 物流配送系统干扰管理研究面临的难点问题

综上可知，国内外学者对于干扰管理做了大量的研究工作，在物流配送领域也取得了一定的进展，但是考虑到问题的复杂性，对物流配送的干扰管理研究还有很多难点问题亟待解决，具体体现在：

第一，物流配送系统的扰动如何度量？干扰管理的核心是针对各种实际问题和干扰事件的性质，生成使系统扰动最小的调整方案。因此干扰事件发生后，如何根据具体条件，分析和评价干扰事件对整个系统产生的影响，从而对系统的扰动进行度量，是物流配送干扰管理的主要难点问题，目前国内外的学者对这方面的研究较少，也是干扰管理亟待解决的问题。

第二，如何快速有效地处理干扰事件并形成系统扰动最小的调整方案？在实际的物流配送中，干扰事件发生后，能否快速有效地处理干扰事件？其机理和方法是什么？如何在干扰事件处理过程中实现决策的科学性、及时性和有效性？这是当前面临的难题。干扰事件对物流配送系统的影响，除了包含大量的可以量化的定量因素外，还有很多复杂的、难以量化的定性因素。因此，如何在考虑定量因素的同时，又兼顾定性因素对系统的影响，并快速有效地处理干扰事件并形成系统扰动最小的调整方案，这是目前物流配送干扰管理研究面临的难点和重点问题。

第三，干扰事件应对方案的在线生成方法和手段。由于干扰事件的发生具有随机性、动态性以及不可预测性等特点，而客户对配送时间的要求也越来越严格，这就对物流配送系统的实时响应能力提出很高的要求。因此，如何实现干扰事件应对方案的在线生成，以满足实时生成应对干扰方案的要求，不仅是物流配送干扰管理富有实用价值的研究方向，也是其他领域干扰管理值得进一步研究的课题。

2.3 物流配送系统干扰管理研究的几点思考

根据物流配送系统干扰管理研究面临的困难，作者结合国家自然科学基金、辽宁省高等学校优秀人才支持计划等项目的研究，对物流配送系统的干扰管理研究进行了初步探讨。根据近一段时间该领域的动态和趋势，提出物流配送系统干扰管理研究的以下几点思考。

2.3.1 物流配送系统扰动的度量方法

目前对于物流配送系统的扰动，大多是在干扰事件发生后，以造成的服务时间延迟进行度量。但是，由于物流配送系统十分复杂，涉及了物流供应商、客户等多个主体，因此系统扰动的影响有直接的，也有间接的；有可以用价值衡量的，也有无法用价值衡量的，即物流配送系统干扰管理问题是一个多目标的优化难题，仅仅以造成的服务时间延迟无法全面有效地度量物流配送系统的扰动程度。在这种条件下，如何权衡各方利益对系统扰动进行度量，从而形成系统扰动最小的调整方案，是困扰学术界的难题。

针对上述问题，作者首先对系统扰动的度量指标进行了研究。在大连市范围内，选取快餐、副食品、快递等几个典型的物流配送系统，通过对以往文献的研究，并与配送领域的专家进行访谈，对该问题进行了初步探讨，得出了影响系统扰动程度的三个主体：客户、物流配送运营商和车辆驾驶员。对于客户，需要根据其重要程度以及要求配送的货物价值，确定是否按时送货；对于物流配送运营商，如果配送货物没有按时到达，除关心惩罚成本外，运输成本也需要考虑；对于车辆驾驶员，则关注配送路线的更改情况，因为配送路段的频繁变化会直接影响到配送司机的工作情绪。通过上述分析，确定了影响系统扰动的两类度量指标：①定量指标，包括客户失望率（由于没有完成配送任务使客户对物流配送运营商的信誉产生失望，在下一次消费时不选择该物流配送运营商的概率）、配送货物的价值、惩罚成本、运输成本以及配送路线的偏差（配送路段改变的数量）；②定性指标，包括客户的重要程度。得到系统扰动的度量指标后，作者下一步研究工作的重点是如何采用定量与定性相结合的方法，对物流配送系统的扰动进行度量。

2.3.2 干扰事件的快速处理与决策方法

目前对物流配送系统干扰事件的处理，主要有以下两种方法：

（1）基于模型的方法。该方法从干扰事件发生后的状态出发，对干扰事件带来的问题进行抽象，通过建立相应的数学模型，得出干扰调整方案。但是，在实际的物流配送中，存在着大量复杂的、难以量化的定性关系，很难概括抽象为相应的数学模型，此时只能通过对实际问题进行假设简化或者忽略某些因素和约束条件，虽然也可以建立相应的模型并得到最优解，但是这个最优解与现实的相符程度往往存在很大的差距，无法满足实际问题的要求。

（2）基于经验的方法。该方法主要依赖决策者的经验、智慧和专业知识，快速地对干扰事件进行处理。但是该方法在获取调整方案时，对各相关利益群体造成的影响仅凭主观判断，过于依赖有丰富经验的决策者，因此，普通的人员很难使用该方法。

由上可知，基于模型的方法精于定量分析，而基于经验的方法擅长于定性推理，单独使用任一方法都存在一定的缺陷。因此，对物流配送系统干扰事件的处理，可充分结合上述两种方法的优势，即采用定量分析与定性分析、人的智能与机器智能相结合的方法，融合基于模型的定量分析与基于经验的定性推理，形成物流配送系统干扰事件的决策方法，从而快速、有效地处理干扰事件，提高决策的科学性与有效性。

2.3.3 干扰事件应对方案的在线实时生成方法和手段

目前物流配送系统干扰事件应对方案的生成，主要采用基于数学模型的方法，按照“实际问题→数学模型→求解程序”来完成。但是如果问题发生了变化，就会引起“数学模型的改变→模型求解程序的改变”这种连锁反应，由于干扰事件发生具有随机性、动态性以及不可预测性等特点，使得这种连锁反应时时刻刻都在发生，因此传统的基于数学模型的方法将很难适应这种变化，无法满足实时生成应对干扰方案的要求。

对于干扰事件的处理，传统的基于模型的运筹学理论之所以力不从心，其根源在于缺乏基于知识的推理机制和处理动态问题的自适应能力。针对这一问题，20 世纪 80 年代以来国内外学者将人工智能和知识工程理论引入运筹学，形成运筹学的智能化应用研究方向，并取得了大量的研究成果。因此，对于物流配送系统干扰事件的实时处理，可针对物流配送问题的特点，通过对该问题知识表示的研究，建立相应的知识表示支持系统和智能化的建模支持系统，形成由“实际应用问题→知识化信息模型→知识化数学模型→知识化求解模型”的模型生成与转化理论及其解决问题的新思路，从而完成干扰事件应对方案的在线实时生成，对干扰事件进行有效的处理。

本章对干扰管理的相关研究进行了评述，探讨了物流配送系统干扰管理领域仍然存在的难点问题，并提出了物流配送系统干扰管理研究的几点思考。作为管理科学等领域的一种新理论和新方法，由于物流配送问题的复杂性，干扰管理还有许多不完善之处，需要开展更深入的研究。本章期望为下一步的研究工作提供依据和指导，为从事物流配送系统干扰管理研究的学者提供参考。

第 3 章　基于前景理论的物流配送干扰管理模型

电子商务，尤其是新兴电子商务下的物流配送系统，由于其服务对象具有位置相关性、时间敏感性、访问的随时随地性等特点，使得物流配送系统具有很强的复杂性、连锁性、动态性等，容易受到众多干扰事件的影响，如送货地址的更改、客户时间窗或需求量的变化等，导致事先制定好的计划受到影响，甚至变得不可行。这就需要快速实时地生成新的调整方案，使得整个系统受到的扰动最小。因此，如何有效地处理干扰事件，已成为物流配送系统亟待解决的问题。

干扰管理正是一种致力于实时处理这类问题的方法论，是近年来国际上管理科学、运筹学和系统工程等领域备受关注的新的研究方向。干扰管理需要针对各种实际问题和扰动的性质，建立相应的优化模型和有效的求解算法，通过对初始方案进行局部优化调整，实时生成使系统扰动最小的调整方案。这个调整方案不是针对扰动发生后的状态完全彻底地重新进行建模和优化，而是以此状态为基础，通过对初始方案进行局部优化调整，快速生成使系统扰动最小的调整方案。

干扰管理自提出以来，已成功应用到航空、机器调度、供应链、项目管理等多个领域。但是，由于物流配送系统是一个典型的“人—机”系统，包括客户、物流配送运营商、配送业务员等多个主体，现有研究过分重视物力、财力的调整与优化，而忽略人的行为因素，从而导致寻得的最优解往往在实践中并不可行。因此，针对物流配送干扰管理问题这一多目标的、主观与客观相结合的优化难题，如何在考虑人的行为因素的情况下，通过权衡各方利益，形成一个多方满意的调整方案，从而以尽量小的扰动，尽快恢复系统的正常运行，是目前该领域存在的主要难题。

针对上述难题，通过结合行为科学中对人的行为感知的研究方法与运筹学中定量的研究手段，提出基于前景理论的扰动度量方法，构建物流配送干扰管理模型及其求解方法，以期为物流配送干扰管理的决策过程提供支持。

3.1　扰动的分析

干扰管理的核心是在干扰事件发生后，快速有效地生成使系统扰动最小的调整方案。因此，在建立干扰管理模型前，需要对扰动造成的影响进行分析，从而确定目标函数。由于客户、物流配送运营商以及配送业务员是使物流配送过程能够顺利运行的行为主体，三者的利益是研究的关键。因此，首先分析扰动对上述行为主体的影响，确定各主体考虑的首要目标。具体分析如下：

（1）对于客户。客户是物流配送过程的接收者。扰动发生后，必然会引起连锁反应，影响后续一系列剩余货物的配送任务，使得某些客户可能无法按时收到货物。因此，对于客户来说，能否按时收到货物，是其考虑的首要目标。

（2）对于物流配送运营商。物流配送运营商是物流配送过程的主导者。扰动发生后，配送车辆的行车路线随之发生变化，此时势必影响配送成本。由于在整个物流配送过程中，配送成本是物流配送运营商关注的核心，因此，在生成调整方案时，应适当兼顾成本因素，尽可能节约配送成本。

（3）对于配送业务员。配送业务员是物流配送过程的执行者。在调整方案下，势必需要更改行车路线，从而对配送业务员的工作情绪造成影响。如果新的行车路线与初始的行车路线具有较大偏差，将有可能导致配送业务员消极怠工。因此，调整方案与初始方案中配送路线的偏差，是配送业务员考虑的首要目标。

通过分析上述三个行为主体面对扰动时所关注的目标，对三者的利益进行权衡，从而度量系统的扰动程度，形成使系统扰动最小的调整方案。

3.2 基于前景理论的扰动度量方法

由于物流配送系统包含多个主体，是一个典型的“人—机”系统，扰动必然会对人的行为产生影响。因此，现有在完全理性假设条件下的研究成果难以直接用于解决实际的物流配送干扰管理问题。

前景理论是行为科学中具有重大影响的一种行为决策理论，它以人的有限理性为基础，能够更加真实地描述人在不确定条件下的决策行为。因此，本节以前景理论为基础，提出系统扰动的度量方法。

3.2.1 价值函数的表示

扰动发生后，由于各主体考虑的目标不同，因此，基于前景理论，对各个目标的价值函数进行表示，其中目标 i 的价值函数 $V^i(x)$ 可表示为：

$$V^i(x)=\begin{cases} x^{\alpha^i}, & x\geqslant 0 \\ -\lambda^i(-x)^{\beta^i}, & x<0 \end{cases},\quad i=1,\cdots,n \tag{3-1}$$

式中，α^i、β^i、λ^i 为参数。

函数的形状如图 3-1 所示（O^i 为目标 i 的参照点）。

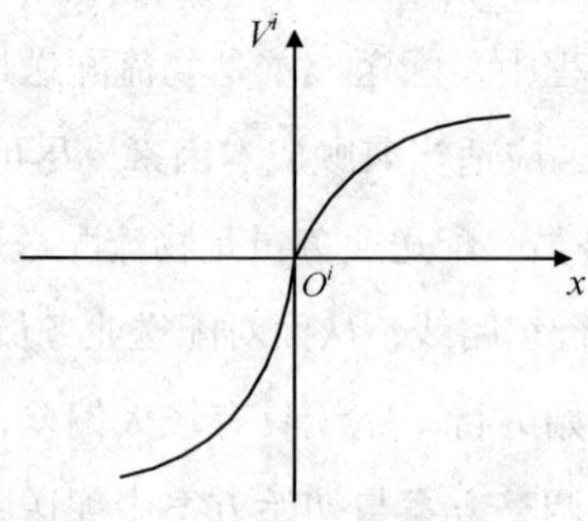

图 3-1 目标 i 的价值函数

根据前景理论，在决策选择的开始阶段，需选择一个适当的参照点（价值为 0），盈利还是亏损是相对于参照点而言的，进而才能判定结果到底是盈利还是亏损。由于人们在决策选择时只注意其差异，如果保持现状就等于没有选择，它本身的价值为 0，因此，选择现状作为参照点。

3.2.2　不满意隶属函数的确定

由于各目标的主体是人，而人又是主观的，对扰动的感知是模糊的。因此，需要对各目标进行模糊化处理。

设 x^i 的不满意隶属函数为 $\mu^i(x^i)$，当 $\mu^i(R^i)=1$时，基于前景理论，此时人们面临的是亏损，表现出来的是风险追求，根据式（3-1）可知：

$$\mu^i(R^i)=-V^i(-R^i+O^i)=-[-\lambda^i(-(-R^i+O^i))^{\beta^i}]=\lambda^i(R^i-O^i)^{\beta^i} \quad (3\text{-}2)$$

由 $\mu^i(R^i)=1$，可知 $R^i=O^i+(1/\lambda^i)^{1/\beta^i}$ 。因此，$\mu^i(x^i)$ 可分为以下三段来表示：

（1）当 $x^i \geqslant R^i$ 时，$\mu^i(x^i)=1$；

（2）当 $O^i \leqslant x^i < R^i$ 时，人们面临的是亏损，根据式（3-1）可知，$\mu^i(x^i)=\lambda^i(x^i-O^i)^{\beta^i}$；

（3）当 $0 \leqslant x^i < O^i$ 时，$\mu^i(x^i)=0$ 。

综上，x^i 的不满意隶属函数可表示为

$$\mu^i(x^i)=\begin{cases} 1, & x^i \geqslant R^i \\ \lambda^i(x^i-O^i)^{\beta^i}, & O^i \leqslant x^i < R^i,\ i=1,\cdots,n \\ 0, & 0 \leqslant x^i < O^i \end{cases} \quad (3\text{-}3)$$

函数形状如图 3-2 蓝色曲线所示。因为 R^i 由 β^i 和 λ^i 来决定，而对于不同主体，β^i 和 λ^i 是不同的，因此 R^i 也是不同的。可通过对各主体进行访问和调查，采用统计分析的方法，确定上述参数。

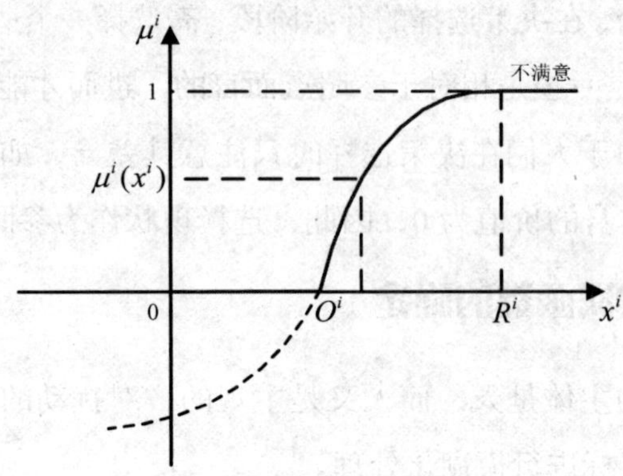

图 3-2　x^i 的不满意隶属函数

3.2.3　扰动度量函数的构建

根据 3.2.2 节，对各目标采用不满意的隶属度进行度量。目标 i 的不满意度越小，对主体 i 的扰动越小。因此，目标 i 的扰动度量函数为：

$$d^i(x^i) = \min \mu^i(x^i), i = 1, \cdots, n \tag{3-4}$$

3.3　物流配送干扰管理模型研究

本节首先建立物流配送初始方案的数学模型。当系统发生扰动后，在该模型的基础上，构建调整方案的干扰管理模型。

3.3.1　初始方案的数学模型

1．问题界定

本节对要研究的物流配送问题描述如下：

（1）每辆车从配送中心出发，沿着一条路线把装载的货物配送到指定客户后，返回配送中心；

（2）每辆车可以服务多个客户，但每个客户的货物只能由一辆车配送；

（3）每辆车所载货物不能超过装载能力，为简化问题，假设所有车辆的装载能力相同；

（4）每个客户都有其接受服务的时间窗，即客户对货物到达时间的要求是在某个时间段上。

要求合理安排车辆配送路线和行车时间，使得目标函数最优，即准时到达和成本最低。

2．参数及变量说明

n：客户总数量；

V：客户点集合，$V=\{v_0, v_1, \ldots, v_n\}$，$v_0$ 代表配送中心，其他代表客户点；

K：车辆总数；

C_{ij}：车辆从 v_i 到 v_j 的配送成本；

t_{ij}：车辆从 v_i 到 v_j 的行驶时间；

q_i：v_i 的需求量；

Q：车辆的装载能力；

$[ET_i, LT_i]$：v_i 的时间窗。其中，ET_i 是客户要求到货时间段的始点，LT_i 是客户要求到货时间段的终点；

t_i：车辆到达 v_i 的时间；

w_i：车辆对 v_i 的服务时间；

$$x_{ijk}=\begin{cases}1, & \text{车辆}k\text{由}v_i\text{出发后开向}v_j\\0, & \text{其他}\end{cases};$$

$$y_{ik}=\begin{cases}1, & v_i\text{的任务由车辆}k\text{完成}\\0, & \text{其他}\end{cases}。$$

3．数学模型

根据以上描述，建立物流配送初始方案的数学模型如下：

$$\min Z = \sum_{i=0}^{n}\sum_{j=0}^{n}\sum_{k=1}^{K} C_{ij} x_{ijk} \tag{3-5}$$

$$\sum_{i=1}^{n} q_i y_{ik} \leqslant Q,\ k = 1,\cdots,K \tag{3-6}$$

$$\sum_{k=1}^{K} y_{0k} = K \tag{3-7}$$

$$\sum_{k=1}^{K} y_{ik} = 1,\ i = 1,\cdots,n \tag{3-8}$$

$$\sum_{i=1}^{n} x_{i0k} = 1,\ k = 1,\cdots,K \tag{3-9}$$

$$\sum_{i=0}^{n} x_{ijk} = y_{jk},\ j = 1,\cdots,n;\ k = 1,\cdots,K \tag{3-10}$$

$$\sum_{j=0}^{n} x_{ijk} = y_{ik},\ i = 1,\cdots,n;\ k = 1,\cdots,K \tag{3-11}$$

$$\sum_{k=1}^{K}\sum_{i=0}^{n} x_{ijk}(t_i + w_i + t_{ij}) = t_j,\ j = 1,\cdots,n \tag{3-12}$$

$$t_i \geqslant ET_i,\ i = 1,\cdots,n \tag{3-13}$$

$$t_i + w_i \leqslant LT_i,\ i = 1,\cdots,n \tag{3-14}$$

上述模型中，式（3-5）为目标函数，表示总配送成本最低；式（3-6）为车辆装载的货物总量不大于车辆的装载能力；式（3-7）为每辆车都从配送中心出发；式（3-8）为每个客户只由一辆车配送并且所有客户都得到服务；式（3-9）为车辆对客户服务完毕后，返回配送中心；式（3-10）、式

（3-11）和式（3-12）表示变量之间的关系；式（3-13）和式（3-14）满足客户要求的时间窗。

3.3.2　干扰管理模型的构建

1．问题假设

在物流配送过程中，如果发生了扰动，假设如下：

（1）发生干扰事件时各配送车辆所在位置为虚拟的配送中心，是扰动后配送的起点，初始配送中心为配送的终点，即车辆对客户服务完毕后，返回初始配送中心；

（2）物流配送中心没有多余的配送车辆，即剩余的任务只能由原配送车辆完成；

（3）客户不满意度只与送货时间相关。

2．参数及变量说明

m：未完成配送任务的客户总数量；

V：客户点集合，$V=\{v_0, v_1, \cdots, v_{m+K}\}$，$v_0$ 代表初始配送中心；v_1，…，v_m 代表未完成配送任务的客户；v_{m+1}，…，v_{m+K} 代表当前配送车辆所在的位置，即虚拟的配送中心；

μ_i^1：v_i 对货物到达时间的不满意度；

μ^2：物流配送运营商对配送成本的不满意度；

μ^3：配送业务员对新路段个数的不满意度；

其他参数及变量与前文相同。

3．扰动的度量函数

（1）客户扰动的度量。根据 3.1 节，对于客户而言，最关心的是货物的到达时间。因此，建立客户 i 的价值函数为

$$V_i^1(x)=\begin{cases} x^{\alpha^1}, & x \geqslant 0 \\ -\lambda^1(-x)^{\beta^1}, & x<0 \end{cases}, \quad i=1,\cdots,n \tag{3-15}$$

其中：选择现状，即没有发生扰动时，初始方案中客户 i 的到货时间 t_i^0 为参照点，如果调整方案对客户 i 的到货时间 $t_i > t_i^0$，意味着客户 i 亏损 $(x<0)$；反之，意味着客户 i 盈利 $(x \geqslant 0)$。

根据公式（3–3），客户 i 对货物到达时间的不满意隶属函数可表示为

$$\mu_i^1(t_i)=\begin{cases}1 & , \quad t_i \geqslant R_i^1 \\ \lambda^1(t_i-t_i^0)^{\beta^1} & , \quad t_i^0 \leqslant t_i < R_i^1, \ i=1,\cdots,n \\ 0 & , \quad 0 \leqslant t_i < t_i^0\end{cases} \tag{3-16}$$

式中，β^1、λ^1 为参数；$R_i^1 = t_i^0 + (1/\lambda^1)^{1/\beta^1}$。

（2）物流配送运营商扰动的度量。根据 3.1 节，对于物流配送运营商而言，在制定调整方案时最关心的是配送成本。因此，建立物流配送运营商的价值函数为

$$V^2(x)=\begin{cases}x^{\alpha^2} & , \quad x \geqslant 0 \\ -\lambda^2(-x)^{\beta^2} & , \quad x<0\end{cases} \tag{3-17}$$

其中：选择现状，即没有发生扰动时，初始方案的总配送成本 f^0 为参照点，如果调整方案的配送成本 $f > f^0$，意味着物流配送运营商亏损 $(x<0)$；反之，意味着物流配送运营商盈利 $(x \geqslant 0)$。

根据公式（3–3），物流配送运营商对配送成本的不满意隶属函数可表示为

$$\mu^2(f)=\begin{cases}1 & , \quad f \geqslant R^2 \\ \lambda^2(f-f^0)^{\beta^2} & , \quad f^0 \leqslant f < R^2 \\ 0 & , \quad 0 \leqslant f < f^0\end{cases} \tag{3-18}$$

式中，β^2、λ^2 为参数；$R^2 = f^0 + (1/\lambda^2)^{1/\beta^2}$。

（3）配送业务员扰动的度量。根据 3.1 节，对于配送业务员而言，最关心的是配送路线的偏差，即新路段个数。因此，建立配送业务员的价值函数为

$$V^3(x) = -\lambda^3(-x)^{\beta^3} \quad , \quad x<0 \tag{3-19}$$

其中：由于初始方案中没有新路段，因此函数的参照点为 0，如果调整方案

的新路段个数 $g>0$，意味着车辆驾驶员亏损 $(x<0)$；而 g 不可能小于 0，即车辆驾驶员无法盈利 $(x \geqslant 0)$。

根据公式（3-3），车辆驾驶员对新路段个数的不满意隶属函数可表示为

$$\mu^3(g)=\begin{cases}1, & g \geqslant R^3 \\ \lambda^3 g^{\beta^3}, & 0 \leqslant g < R^3\end{cases} \tag{3-20}$$

式中，β^3、λ^3 为参数；$R^3=(1/\lambda^3)^{1/\beta^3}$。

4．干扰管理模型

在扰动的度量函数的认识基础上，采用字典序多目标规划的方法，构建物流配送干扰管理模型如下：

$$\min Lex = P_1 : \sum_{i=1}^{m} \mu_i^1(t_i)\ P_2 : \mu^2(f)\ P_3 : \mu^3(g) \tag{3-21}$$

$$P_1 \ll P_2 \gg P_3 \tag{3-22}$$

$$\sum_{i=1}^{m} q_i y_{ik} \leqslant Q, k=1,\cdots,K \tag{3-23}$$

$$\sum_{i=1}^{K} y_{(m+i)k}=1, k=1,\cdots,K \tag{3-24}$$

$$\sum_{i=1}^{m+K} x_{i0k}=1, k=1,\cdots,K \tag{3-25}$$

$$\sum_{k=1}^{K}\sum_{i=1}^{m+K} x_{ijk}(t_i+w_i+t_{ij})=t_j, j=1,\cdots,m \tag{3-26}$$

$$t_i \geqslant ET_i, i=1,\cdots,m \tag{3-27}$$

$$t_i + w_i \leqslant LT_i, i=1,\cdots,m \tag{3-28}$$

式（3-21）为目标函数，表示调整方案与初始方案的偏离最小，即系统的扰动程度最小。在本模型中，客户扰动之和的最小化为第一级目标，物流配送运营商扰动的最小化为第二级目标，配送业务员扰动的最小化为第三级目标。式（3-22）为不同目标的优先级，决策者可针对实际情况，调整不同目标的顺序。式（3-23）为车辆装载的货物总量不大于车辆的装载能力。式（3-24）为每辆车都从虚拟的配送中心出发；式（3-25）为车辆对客户服务完毕后，返回初始配送中心。式（3-26）表示变量之间的关系；式（3-27）和式（3-28）满足客户要求的时间窗。

3.4 干扰管理模型的求解方法研究

由于干扰管理模型以初始方案的数学模型为基础，该数学模型是NP-hard的，因此干扰管理模型也是NP-hard的，求解起来非常困难。而物流配送实时性很强，在这种背景下，由于蚁群算法具有正反馈、分布式计算以及贪婪的启发式搜索等特点，为有效地求解上述问题提供了可能。但是，该算法仍然存在着容易陷入局部优化、搜索速度较慢等缺陷，因此提出改进的蚁群算法——混合蚁群算法（Hybrid Ant Colony Optimization，HACO），对干扰管理模型进行求解。

在HACO中，采用信息素调整策略、最优个体交叉及变异策略来防止陷入局部优化，改善搜索结果；采用目标节点选择策略、集成其他算法策略来减少计算量，提高搜索速度。

3.4.1 信息素调整策略

（1）在蚁群算法中，蚁群运动的路径总是趋近于信息量最强的路径，但是可能使离最优解相差很远的路径上的信息得到不应有的增强，阻碍以后的蚂蚁发现更好的全局最优解，因此信息量最强的路径不一定能反映出最优的路径。为了提高蚁群算法的全局搜索能力，采用确定性选择和随机性选择相结合的策略，当搜索陷入停滞时，对路径上的信息量进行动态调整，缩小最好和最差路径上信息量的差距，并适当加大随机选择的概率，以利于对解空间更完全地搜索。

（2）由于信息素的更新作用，每条边的信息量可能在某次搜索后出现极大值或极小值的现象，极大值将导致早熟，极小值则不利于全局搜索，因此吸收了最值蚂蚁算法的思想，将信息素水平限制在最大值和最小值之间，同时在搜索前，将所有边的信息素水平设为最大值，从而使蚂蚁在搜索初期具有更大的搜索范围。另外，当各边信息素水平相差很大时，将各边信息素水平与信息素的最大值进行加权平均，从而使信息素差异相对减少，有利于产生新的搜索路线。

（3）当问题规模较大时，由于信息素挥发系数 $1-\rho$ 的存在，那些从未被搜索到的边的信息量会逐渐减小到接近于 0，降低了算法的全局搜索能力，而且当 $1-\rho$ 过小时，边的信息量增大会使以前搜索过的解被选择的可能性增大，影响到算法的全局搜索能力；增大 $1-\rho$ 虽然可以提高算法的全局搜索能力，但又会使算法的搜索速度降低。因此，采用自适应改变 ρ 的值以解决上述问题。

3.4.2　最优个体交叉及变异策略

由于遗传算法的交叉和变异操作，可增加种群的多样性，防止算法早熟。因此，当蚁群算法倾向于局部最优时，引入最优个体交叉及变异策略，可有效扩大搜索空间，避免得到局部最优解。

1. 交叉策略

当搜索陷入停滞时，将最优个体和次优个体的编码进行交叉操作，假设两组编码分别为 A_1 和 A_2，交叉规则如下：

（1）随机生成交叉段的长度和交叉段起始位置。假设 A_1：$B_1|B_2|B_3$，A_2：$C_1|C_2|C_3$，B_2 和 C_2 分别为 A_1 和 A_2 的交叉段；

（2）将 C_2 插入到 A_1 中，位于 B_2 前面，这样形成新的编码 A_3：$B_1|C_2|B_2|B_3$；

（3）在 A_3 中，删除 B_1、B_2、B_3 中与 C_2 重复的编码，从而形成新的交叉编码 A_3；

（4）同样的方法用在 A_2 上，生成新的编码 A_4；

（5）比较 A_1、A_2、A_3、A_4 的结果，选出最优编码。

2．变异策略

当算法倾向于局部收敛时，对最优个体进行变异，即在这个局部最优路径上取任意一段或几段，让信息素大幅度减少，甚至减为最小值。于是下次不得不跳出此路径，而去寻找另外可能的更好路径，实验表明变异有助于摆脱局部最优值。

3.4.3 目标节点选择策略

在一个较复杂的地图上，在一条遍历所有节点的最短路径中，节点 i 在选择下一个节点 j 时，j 不可能是离 i 较远的那些节点。而在蚁群算法中，当蚂蚁选择下一个节点时，需要计算所有未走过节点的转移概率，耗费较长的计算时间。

根据上述分析，蚂蚁对下一个节点的选择仅局限于离当前节点较近的部分节点，只对这些节点计算转移概率即可，这样能大幅度提高算法的搜索速度。因此引入目标节点选择策略，其原理是分别以 n 个节点为起点，根据该节点与其他 n-1 个节点的距离，建立 n 个距离由短到长的排序表，选择其中前若干个建立该节点的候选节点列表，蚂蚁对下一个节点的选择只在该列表中产生。

3.4.4 集成其他算法策略

蚁群算法易与传统启发式算法相结合的特点，决定其具有很强的耦合性，因此将节约法、交换法两种简洁高效的优化算法集成到蚁群算法中，可大幅度提高算法的求解速度。

3.5　算例验证及结果分析

随着现代科技的发展和社会的进步，物流配送系统中人的移动性越来越强，导致在配送过程中，货物的配送地址频繁地发生变化，这在服装鞋帽箱包类、IT 产品类、小家电类等快件的配送上，表现得尤为突出。因此，以配送地址变化这类干扰事件为例进行建模。

由于物流配送干扰管理问题尚未有标准的测试数据集，因此，算例验证包括两部分：第一部分采用测试题库对算法进行测试；第二部分首先设计了一个具体算例，以配送成本最低为目标，得到初始方案。之后将此方案作为物流配送干扰管理问题的背景，运用本章方法进行求解。通过与全局重调度方法、局部重调度方法的结果进行对比，验证本章方法的有效性。

3.5.1　算法验证

1．实验结果

本节采用典型的测试题库——Benchmark Problems 对算法进行测试。在该题库所列的六类例题中，每一类随机选取两个问题组成测试数据集，采用传统蚁群算法（ACO）、改进蚁群算法、改进遗传算法、改进禁忌搜索算法和 HACO 算法进行求解，结果如表 3-1 所示。

表 3-1　HACO 和其他算法的实验结果

例题	ACO		IACS-SA		MACS-IH		GenSAT		SATabu		HACO	
	车辆	距离	车辆	距离	车辆	距离	车辆	距离	车辆	距离	车辆	距离
R1-01	19	1 702	19	1 671	19	1 651	18	1 677	19	1 655	18	1 611
R1-11	13	1 187	11	1 112	10	1 097	10	1 151	12	1 091	12	1 090
C1-05	10	879	10	829	10	829	10	829	10	829	10	829
C1-07	10	860	10	829	10	829	10	829	10	829	10	831
RC1-01	14	1 789	15	1 653	14	1 697	14	1 669	14	1 678	14	1 634
RC1-03	12	1 256	11	1 285	11	1 262	13	1 207	12	1 196	11	1 133

续表

例题	ACO		IACS-SA		MACS-IH		GenSAT		SATabu		HACO	
	车辆	距离	车辆	距离	车辆	距离	车辆	距离	车辆	距离	车辆	距离
R2-02	6	1 242	4	1 102	3	1 192	4	1 176	6	1 078	6	1 130
R2-05	5	1 168	3	1 033	3	994	3	1 128	5	1 049	4	1 037
C2-01	3	643	3	592	3	592	3	591	3	592	3	592
C2-06	4	685	3	588	3	588	3	588	4	654	3	589
RC2-05	5	1 517	4	1 344	4	1 298	4	1 389	6	1 426	4	1 346
RC2-08	4	915	3	848	3	829	3	919	5	943	3	839

2. 对比分析

根据表 3-1 的实验结果，在求解上述 12 个例题中，HACO 得到的结果 100%优于 ACO 得到的结果，92%优于或接近于改进蚁群算法——IACS-SA 得到的结果，75%优于或接近于改进蚁群算法——MACS-IH 得到的结果，100%优于或接近于改进遗传算法——GenSAT 得到的结果，92%优于或接近于改进禁忌搜索算法——SATabu 得到的结果。

分析结果表明，和上述已有的算法相比，HACO 在求解 NP-hard 问题时是非常有竞争力的。由于 HACO 中的参数选择凭多次试验而定，没有理论依据，因此求出的解不是算法所能取得的最好解。将算法中各参数设置成最优，其最终解还有进一步改进的余地。

3.5.2 干扰管理模型验证

1. 算例设计

某配送中心向周围的 23 个客户配送货物，为计算方便，假设客户的信息无量纲，如表 3-2 所示，其中客户 0 为配送中心。设装卸货时间不计，即服务时间为 0。

表 3-2 客户信息

客户	（X，Y）	[ET_i，LT_i]		（X，Y）	[ET_i，LT_i]
0	（0.7，0.7）	[0，3.5]	12	（0.3，0.7）	[0，1.5]
1	（1.0，0.7）	[1，2]	13	（0.4，0.9）	[0.5，2.5]
2	（0.9，0.9）	[0.5，1.5]	14	（0.5，0.9）	[0.5，3]

续表

客户	（X，Y）	[ET_i，LT_i]		（X，Y）	[ET_i，LT_i]
3	（1.2，0.9）	[0.5，1.5]	15	（0.9，1.1）	[0.5，1.5]
4	（0.9，0.7）	[0.5，2]	16	（0.5，0.4）	[0，2]
5	（1.0，1.1）	[0.5，1.5]	17	（1.0，0.6）	[1.5，2.5]
6	（0.1，0.8）	[1，2.5]	18	（0.2，0.8）	[0，1]
7	（0.7，0.9）	[1.5，2.5]	19	（0.4，0.5）	[0，1.5]
8	（0.9，0.5）	[1.5，3]	20	（0.5，0.4）	[0.5，2.5]
9	（1.1，0.5）	[0.5，1.5]	21	（0.6，0.7）	[0，2]
10	（1.3，0.6）	[0.5，2.5]	22	（0.1，1.0）	[1，3]
11	（0.3，0.4）	[0.5，3]	23	（0.2，1.1）	[1.5，3]

根据上述条件，得出初始方案的配送路线如下。

路线 1：0→15→5→3→9→10→1→17→8→0；

路线 2：0→19→16→20→11→12→6→22→23→13→14→7→0；

路线 3：0→18→21→2→4→0。

路线 3 时总配送成本为 6，目标函数最优。

2．实验结果

当t=0.3时，客户 11 的配送地址由（0.3，0.4）变为（0.4，0.8）。根据 Kahneman 等，取β=0.88 、$\lambda = 2.25$ 。分别采用本章方法、全局重调度方法和局部重调度方法进行求解，结果如表 3-3 所示。

表 3-3　不同方法的求解结果

	本章方法	局部重调度方法	全局重调度方法
客户的扰动	1	2.9	4.1
物流配送运营商的扰动	0.7	0.3	0
配送业务员的扰动	1	1	1

3．对比分析

根据表 3-3，得出主要结论如下：

（1）从客户的扰动来看，本章方法得到的结果明显优于其他两种方法得到的结果，这说明干扰管理模型在降低客户不满意度上的效果是非常显著的；

（2）从物流配送运营商的扰动来看，本章方法得到的结果劣于其他两种方法得到的结果，但是相差不多，说明干扰管理模型得到的配送成本在物流配送运营商可以接受的范围之内；

（3）从配送业务员的扰动来看，本章方法得到的结果与其他两种方法得到的结果相同，这说明干扰管理模型在抑制配送路线的偏差上不劣于其他两种方法。

综上所述，在考虑人的行为因素的情况下，本章方法以牺牲较小的配送成本，换来了客户不满意度大幅度的降低。因此，与全局重调度方法和局部重调度方法相比，本章方法得到的结果更为实用。另外，虽然从短期看，物流配送运营商牺牲了一定成本，但从长期的战略角度看，有利于拥有稳定的客户群并吸引更多的新客户，进而扩大企业的影响力，促进企业的可持续发展。

针对物流配送干扰管理问题，结合运筹学、前景理论、模糊数学等，在扰动度量方法、干扰管理模型与求解方法上进行了探索性的研究工作，具体体现在：

（1）提出基于前景理论的扰动度量方法，为物流配送系统中涉及人的行为感知的扰动度量提供了新工具，为解决干扰管理领域扰动度量这一关键问题提供了新思路，有利于丰富干扰管理理论。

（2）采用字典序多目标规划的方法，构建物流配送干扰管理的多目标优化模型，并引入目标逐级优化的思想，为寻找扰动最小的物流配送调整方案提供较为实用的定量分析工具。

（3）提出改进的蚁群算法——混合蚁群算法的基本原理，为求解干扰管理模型这一 NP-hard 问题提供了新思路，为寻求科学实用的多目标优化问题的求解方法进行了有益探索。

为了研究的方便，采用 Kahneman 等给出的 β 、λ 值进行算例验证。因此，如何确定上述参数的实际值，从而完善物流配送干扰管理模型，使其实用性更强，是下一步研究的重点。

第 4 章　物流配送受扰延迟问题的干扰管理两阶段决策方法

物流配送是现代物流管理的重要组成部分之一，如何为客户提供满意的配送服务是物流企业必须解决的关键问题。物流配送过程中，配送车辆经常会碰到众多的干扰事件，如车辆故障、道路堵塞、天气变化等，从而导致延迟的发生，使得初始配送方案受到影响，甚至变得不可行，则称这类问题为受扰延迟问题。受扰延迟发生以后，将会影响物流企业的运作效率，因此，对该问题的研究具有重要的理论意义和实用价值。

由于干扰事件的发生具有随机性、动态性以及不可预测性等特点，因此，物流配送受扰延迟问题是一个复杂的优化难题。针对这一问题，国内外的学者已经进行了大量的研究，其方法大致分为两种：①重调度方法。该方法是从干扰事件发生后的状态出发，对系统重新进行全局优化调整，从而得出应对扰动的调整方案。但是由于没有从干扰事件对整个系统的影响来考虑，因此得出的调整方案可能对系统的扰动较大，使得调整方案不可行。②随机优化。该方法主要是在干扰事件发生前，把延迟时间当作随机变量进行处理，尽量减少干扰带来的副作用。但是由于干扰事件的发生具有不可预测性，使得该类方法的适用性受到很大的局限。

干扰管理是近年来国际上管理科学、运筹学和系统工程等领域备受关注的新的研究方向，它需要针对各种实际问题和扰动的性质，建立相应的优化模型和有效的求解算法，通过对初始方案进行局部优化调整，实时生成使系统扰动最小的调整方案。这个调整方案不是针对扰动发生后的状态完全彻底地重新进行建模和优化，而是以此状态为基础，通过对初始方案进行局部优化调整，快速生成使系统扰动最小的调整方案。

可见，干扰管理是实时处理干扰事件的方法论，近年来已经成为国际学术界前沿性的研究方向并逐渐成为研究热点。在物流配送受扰延迟问题的干扰管理研究上，对于干扰事件是否产生了扰动，即如何对系统的扰动进行判定，仍然没有得到很好的解决。此外，为了获得扰动最小的调整方案，现有研究大多是从实际问题中抽象出若干目标（如时间、距离和成本等），然后构建优化模型并进行求解。但是，由于物流配送系统是高度复杂的，涉及了物流配送运营商、客户和车辆驾驶员等多个主体，因此系统扰动的影响因素不仅有主观的，还有客观的；有直接的，也有间接的；有可以用价值衡量的，也有无法用价值衡量的，即物流配送干扰管理问题是一个多目标的、定性与定量相结合的优化难题，现有的定量分析方法虽然能够得到问题的最优解，但是这个最优解往往并不是解决实际问题的可行解，可能会给系统带来更大的扰动。因此，如何对系统的扰动进行度量，并快速形成应对扰动的调整方案，仍然有待于进一步研究。

针对现有研究的不足，首先通过分析延迟时间与扰动的关系，确定物流配送系统发生扰动的条件；其次分析干扰事件的影响，从运输成本、惩罚成本、客户本次购买额、交货完成率、客户忠诚度和配送路线的偏差等六个方面度量系统的扰动；进而提出物流配送受扰延迟问题的干扰管理两阶段决策方法：第一阶段为定性分析阶段——处理难以量化的定性指标，第二阶段为定量处理阶段——处理易于量化的定量指标，以期为实际的物流配送受扰延迟问题提供科学有效的决策。

4.1 系统扰动的判定

当配送车辆按照初始方案执行配送任务时，如果突然发生干扰事件造成延迟，则延迟时间可分为：①延迟时间确定。如客户服务时间的增加、司机主观原因等导致的延迟，可通过估算大致确定最终的延迟时间。②延迟时间不确定。如交通堵塞、车辆故障、恶劣天气等导致的延迟，无法确定最终的延迟时间。对于延迟时间不确定问题，由于其干扰事件的产生、发展、衰退、结束等演进过程具有某些不确定性，很难进行实时决策，因此这种问题比较特殊，目前还没有较好的解决方法。因此，以延迟时间确定问题为对象，通过对该问题的研究，形成相应的求解方法，以期为延迟时间不确定问题的研究奠定一定的基础。

延迟发生后，首先应该判定系统是否发生了扰动，即是否需要对初始方案进行调整。如图 4-1 所示，当配送车辆完成客户 B 的配送任务后发生了干扰事件，延迟时间为 Δt，此时如果依然按照初始方案执行配送任务，那么到达未完成的任意客户 i 的时间为 $t_i+\Delta t$（t_i 是在没有发生延迟的条件下，按初始方案到达客户 i 的时间）。因此判定系统是否发生了扰动，与 $t_i+\Delta t$ 是否在客户 i 的时间窗内有关，即

$$\begin{cases} t_i+\Delta t > LT_i & \text{，系统发生了扰动，需要对初始方案进行调整} \\ \text{其他} & \text{，系统没有发生扰动，不需要对初始方案进行调整} \end{cases} \tag{4-1}$$

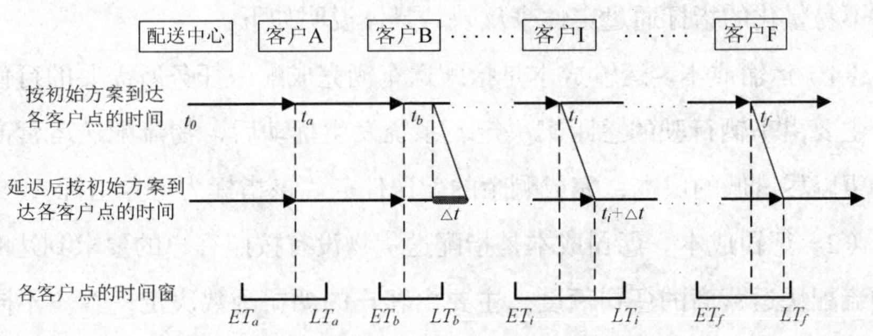

图 4-1　延迟时间与扰动之间的关系

4.2　系统扰动程度的度量指标

为了度量系统的扰动程度，本节通过分析干扰事件的影响，采用问卷调查的方法，首先得出物流配送系统扰动程度的度量指标。

由于不同的物流配送业务，系统扰动程度的影响因素也不同。而快餐作为一种典型的易逝品，对配送时间的要求非常严格。此外，由于送货点分散、点多面广，使得快餐配送非常复杂，即快餐配送是物流配送中的典型难题。因此，以快餐配送为研究对象，在分析以往文献的基础上，通过与配送领域的专家进行访谈，初步选择运输成本、惩罚成本、客户本次购买额、交货完成率、客户忠诚度、客户信用度和配送路线的偏差等作为系统扰动程度的度量指标。

为了验证上述度量指标，对大连市内的快餐配送系统进行问卷调查，共发放问卷 400 份，回收有效问卷 275 份。对各指标的平均分进行计算后，发现除客户信用度指标的平均分小于 3.0 之外，其余各指标的平均分都大于 3.0。通过被调查者的反馈，发现客户信用度更多应用于金融业的信贷、电力缴费、电话缴费等领域，因此将客户信用度指标剔除。对问卷的总信度进行检验，得出 Cronbach's α 系数为 0.69，可以认为具有较好的信度。修正后的各度量指标以定量为主，定性为辅，对易于量化的指标通过定量来描述，不易量化的指标通过定性来反映，具体说明如下：

（1）运输成本。运输成本是指配送车辆完成配送任务所需要的行使费用，主要由车辆行驶的总距离决定。系统发生扰动后，物流配送运营商还是希望以尽量低的成本，完成剩余的配送任务。该指标为定量指标。

（2）惩罚成本。惩罚成本是指配送货物没有按照客户的要求到达时，对物流配送运营商的惩罚额度，主要由客户的惩罚函数决定，客户不同，惩罚函数也不同。该指标为定量指标。

（3）客户本次购买额。客户本次购买额指的是客户本次要求配送货物的价格。购买额越大，对买卖双方的影响越大。如果货物不能按照要求到达，整个物流配送系统的扰动程度也越大。该指标为定量指标。

（4）交货完成率。交货完成率是指完成配送任务的客户占所有客户的比率。提高交货完成率，客户不仅会增加重复购买次数，提高下一次选择该物流配送运营商的概率，而且还会向周围的其他人传播自己的感受，影响他人的购买行为。该指标为定量指标。

（5）客户忠诚度。客户忠诚是指客户向特定服务运营商的重复购买意愿和对其所抱有的积极态度，以及在对该类服务的需求增加时，继续选择该服务运营商作为唯一供应源的倾向。因此客户的忠诚度越高，再次购买的行为能力就越强，运营商获得的利润也就越多。客户忠诚度与客户的购买行为、心理等多种因素相关，难以量化，因此该指标为定性指标。

（6）配送路线的偏差。配送路线的偏差是指调整方案与初始方案相比，行驶路段变化的数量。由于配送路段的改变，不仅会影响配送司机的工作情绪，还会增加物流配送运营商的通讯等额外费用。因此，无论从司机的主观愿望，还是从客观的实际条件，都希望在初始方案涉及的路段上进行配送，尽量避免不必要的损失。该指标为定量指标。

4.3　物流配送受扰延迟问题的干扰管理两阶段决策方法

目前对系统扰动程度的度量主要采用线形规划方法或者多目标规划方法，但是由于上述度量指标除了包含定量的，还有定性的，它们的属性不同，量纲不同，分属于不同的层次，即物流配送受扰延迟的干扰管理问题是一个多阶段、多层次、多目标的优化难题，仅仅采用上述方法无法有效地度量系统的扰动程度。

由第 4.2 节可知，各度量指标对系统扰动的影响程度是不同的，因此首先对度量指标进行分类。根据调查问卷中对各度量指标的打分，采用层次聚类分析法对度量指标进行聚类，如图 4-2 所示。从图中可以直观的看出，聚成三类比较理想，此时同类的距离较小，不同类的距离较大，即运输成本（tran_cost）、客户本次购买额（this_cost）、配送路线的偏差（dev_route）和惩罚成本（puni_cost）为一类；交货完成率（fini_cost）为一类；客户忠诚度（loya_rate）为一类，此时度量指标表现出明显的层次性。为了进一步区分各类的层次，通过计算并比较各类的均值，确定客户忠诚度为第一层次；交货完成率为第二层次；运输成本、客户本次购买额、配送路线的偏差和惩罚成本为第三层次。

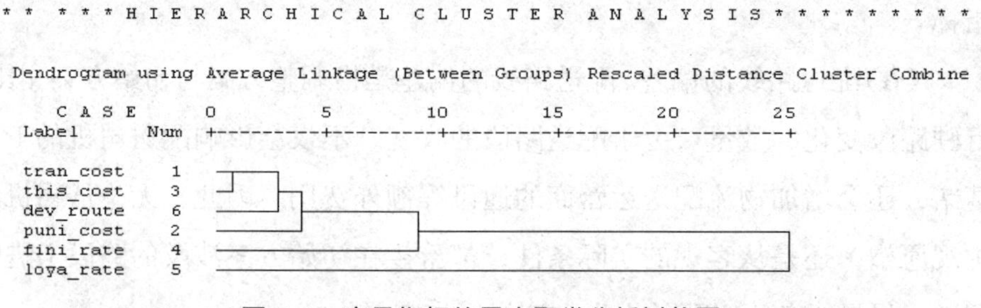

图 4-2　度量指标的层次聚类分析树状图

由于第一层次包含的是定性指标，第二、三层次包含的是定量指标，因此运用干扰管理思想，提出一种两阶段决策方法，即第一阶段为定性分析阶段，主要解决第一层次中客户忠诚度这一定性指标；第二阶段为定量处理阶段，主要解决第二、三层次中的定量指标。

4.3.1　第一阶段——定性分析阶段

由于客户忠诚度是影响系统扰动程度最重要的因素，因此，在制定应对扰动的调整方案时，决策者必须首先对客户忠诚度进行处理，由于该指标是定性的，结合决策者的经验及知识，可抽象出如下规则对这一问题进行处理：

规则 1：如果初始方案的数学模型依然可行，则生成应对扰动的调整方案；

规则 2：如果初始方案的数学模型不可行，即无法完成全部未配送任务，则制定应对扰动的调整方案时，优先完成忠诚度相对较高的客户。

规则 1 用来判断采用初始方案的数学模型能否得出可行解。规则 2 是一种定性处理策略，主要是在无法完成全部未配送任务的情况下，对客户进行筛选，从而产生初始可行解。该规则可遵循以下步骤进行：①根据决策者的经验及知识，将客户忠诚度分为“高”“一般”和“低”三个等级；②首先保证完成忠诚度为“高”“一般”的客户的配送任务，即无法完成配送任务的客户在忠诚度为“低”的客户中产生。如果依然没有可行解，则保证完成忠诚度为“高”的客户的配送任务，即无法完成配送任务的客户在忠诚度为“一般”“低”的客户中产生。以此类推，直到产生可行解为止，处理流程如图 4-3 所示。

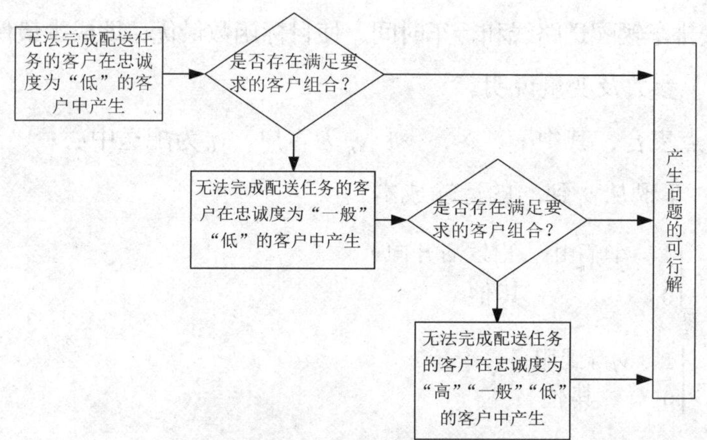

图 4-3　客户忠诚度处理流程图

4.3.2　第二阶段——定量处理阶段

对于剩余的定量指标，由于他们分属于不同层次，属性不同，量纲也不同。而分层多目标优化是一种按不同的优先层次先后进行优化的方法，通过在每一层次中建立多目标优化函数，按照顺序对优先较高的层次进行优化，然后在该层最优解集的基础上，对下一层次的目标函数进行优化，以此类推，求出最后一层的最优解即为整个目标函数的最优解。因此，分层多目标优化方法非常适用于度量物流配送系统的扰动程度。

采用上述方法，首先建立物流配送初始方案的数学模型，当系统发生扰动后，以该模型为基础，以交货完成率为第一优先层次，运输成本、客户本次购买额、配送路线的偏差和惩罚成本为第二优先层次，给出受扰延迟问题的二层多目标优化的干扰管理模型，并采用改进的蚁群算法进行求解。

1. 物流配送初始方案数学模型的构建

（1）问题界定。

在制定物流配送初始方案时，问题界定如下：从某一物流配送中心用单台配送车辆向多个客户送货，车辆为非满载，每个客户的位置和需求量一定，要求合理安排车辆配送路线和行车时间，使目标函数最优，即成本最低。

（2）参数及变量说明。

V：点集合，其中 v_1，v_2，…，v_n 为客户，v_0 为配送中心；

c_{ij}：车辆从 v_i 到 v_j 的运输成本；

$$x_{ij}=\begin{cases}1, & \text{车辆由}v_i\text{ 出发后开向}v_j \\ 0, & \text{其他}\end{cases};$$

$$y_i=\begin{cases}1, & v_i\text{得到服务} \\ 0, & \text{其他}\end{cases};$$

q_i：v_i 的需求量；

Q：车辆的装载能力；

$[ET_i, LT_i]$：v_i 的时间窗。其中，ET_i 是 v_i 要求到货时间段的始点，LT_i 是 v_i 要求到货时间段的终点；

t_i：配送车辆到达 v_i 的时刻。

（3）数学模型的构建。

根据以上描述，建立物流配送初始方案的数学模型如下：

$$\min f(x)=\sum_{i=0}^{n}\sum_{j=0}^{n}c_{ij}x_{ij} \tag{4-2}$$

$$\sum_{j=1}^{n}x_{0j}=1 \tag{4-3}$$

$$\sum_{i=1}^{n}y_i=1 \tag{4-4}$$

$$\sum_{i=1}^{n}x_{i0}=1 \tag{4-5}$$

$$\sum_{i=1}^{n}q_i\leqslant Q \tag{4-6}$$

$$ET_i\leqslant t_i\leqslant LT_i \quad i=1,\ 2,\ \cdots,\ n \tag{4-7}$$

上述模型中：式（4-2）为目标函数，表示成本最低；式（4-3）为单台配送车辆从配货中心出发；式（4-4）为所有的客户都得到服务；式（4-5）为车辆对客户服务完毕后，返回配货中心；式（4-6）为车辆装载的货物总量小于车辆的限定容量；式（4-7）为满足客户要求的时间窗。

2．物流配送受扰延迟问题的干扰管理模型研究

（1）问题界定及假设。系统发生扰动后，对问题界定如下：物流配送初始方案已知，且物流配送中心没有多余的配送车辆，即剩余的任务只能由原配送车辆完成。

在上述界定下，假设发生延迟的地点为虚拟的配送中心，是发生扰动后配送的起点，原配送中心为配送的终点，即车辆对客户服务完毕后，返回原配送中心。

（2）参数及变量说明。

V：点集合，v_1，v_2，…，v_m 为未完成的客户，v_0 为虚拟的配送中心，v_{m+1} 为原配送中心；

$P_i(t_i)$：惩罚函数。目前对物流配送系统的研究，主要存在两种时间窗：一种是硬时间窗，要求配送车辆必须在客户要求的时间范围内完成配送任务，否则不予接收。另一种是软时间窗，指配送车辆无法在客户要求的时间范围内完成配送时，予以一定的惩罚。但是，通过对物流配送系统进行调查，发现客户往往同时要求满足硬时间窗和软时间窗，其惩罚函数 $P_i(t_i)$ 如图 4-4 所示。

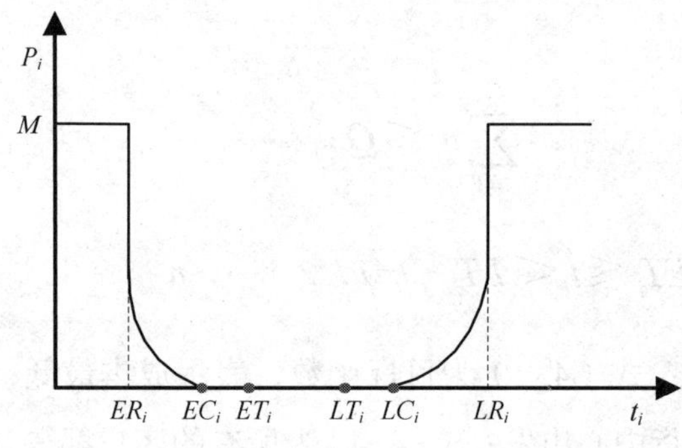

图 4-4　客户的惩罚函数

图 4-4 中，当 $ET_i \leqslant t_i \leqslant LT_i$ 时，P_i 等于 0；$[EC_i, ET_i]$、$[LT_i, LC_i]$ 表示 v_i 可以容忍的时间段，配送车辆在该时间段内到达时 P_i 也等于 0；配送车辆在 $[ER_i, EC_i)$、$(LC_i, LR_i]$ 内到达则予以一定的惩罚，延迟（或提前）到达时间较短时，惩罚值较低，随着延迟（或提前）到达时间的增加，惩罚值呈幂数级增长；$t_i>LR_i$ 或 $t_i<ER_i$ 时，v_i 对货物不予接收。由上可知，$P_i(t_i)$ 可表示为

$$P_i(t_i)=\begin{cases} M, & t_i < ER_i \\ a_i(EC_i-t_i)^{m_i}, & ER_i \leqslant t_i < EC_i \\ 0, & EC_i \leqslant t_i \leqslant LC_i \\ b_i(t_i-LC_i)^{n_i}, & LC_i < t_i \leqslant LR_i \\ M, & t_i > LR_i \end{cases} \tag{4-8}$$

式中，M 为一个非常大的正数，a_i、b_i、m_i、n_i 为惩罚系数；

g_i：v_i 本次的购买额；

a^*：调整方案与初始方案不同的路段数；

其余参数及变量与前文相同。

（3）干扰管理模型的构建。在第二优先层次中，由于运输成本、客户本次购买额和惩罚成本都与调整方案所需的成本有关，可以用价值来度量，因此将上述三个指标合并为一个指标，即调整方案所需的成本。

综上，建立物流配送受扰延迟问题的两层多目标优化的干扰管理模型如下：

$$L-\min_{x\in D}[P_1F_1(x),\ P_2F_2(x)]=L-\min_{x\in D}[P_1(-f_1),\ P_2(f_2,\ f_3)] \tag{4-9}$$

$$f_1=\sum_{\mathrm{i}=1}^{\mathrm{m}} y_i$$

$$f_2=\sum_{i=0}^{m}\sum_{j=1}^{m+1} c_{ij}x_{ij}-\sum_{i=1}^{m} y_i g_i+\sum_{i=1}^{m} y_i P_i(t_i)$$

$$f_3=a^*$$

$$P_1 \gg P_2 \tag{4-10}$$

$$\sum_{j=1}^{m+1} x_{0j}=1 \tag{4-11}$$

$$\sum_{i=1}^{m} x_{i(m+1)}=1 \tag{4-12}$$

上述模型中：式（4-9）为目标函数，表示物流配送系统的扰动程度最小。其中 f_1 为交货完成率，f_2 为调整方案所需的成本，f_3 为配送路线的偏差。在不同优先层次上，可根据决策者的经验及偏好，调整各目标的优先级；式（4-10）表示不同层次的优先顺序；式（4-11）为单台配送车辆从虚拟的配货中心出发；式（4-12）为车辆对客户服务完毕后，返回原配货中心。

4.3.3 干扰管理模型求解算法的设计

由于上述两层多目标优化的干扰管理模型求解起来非常困难，因此如何快速实时地处理干扰事件，获得扰动小、恢复快的调整方案，是干扰管理的关键环节。蚁群算法具有正反馈、分布式计算以及贪婪的启发式搜索等主要特点，为有效地求解复杂优化问题提供了可能。但是由于目前该算法仍然存在着容易陷入局部优化、搜索速度较慢等问题，为克服上述缺陷，提出改进的蚁群算法对上述模型进行求解。主要实现步骤如下：

Step 1：初始化各控制参数，读取客户资料，设找到全局最优解 L_{global}，置迭代计数器 nc=0，将 m 只蚂蚁置于配货中心。

Step 2：对于每一只蚂蚁，按照下式选择蚂蚁的下一个旅行节点 j：

$$j=\begin{cases}\arg\max_{j\notin tabu_k}[\tau_{ij}(t)]^{\alpha}[\eta_{ij}(t)]^{\beta} & , \quad q\leqslant p_t \\ \text{随机选择}\quad j\notin tabu_k & , \quad \text{其他}\end{cases} \tag{4-13}$$

式中，$tabu_k$（k=1，2，…，m）为禁忌表，记录蚂蚁 k 当前所走过的所有节点；τ_{ij} 和 η_{ij} 分别表示信息素浓度和能见度（两点距离 d_{ij} 的倒数）；α、β 为各变量的相对重要程度；q 是一个随机数，$q\in[0, 1]$；p_t 为确定性选择概率，其初始值取 p_0=1，随进化的过程动态调整。

Step 3：判断已搜索的蚂蚁总数是否等于 m，若是，执行 Step 4；否则，还有蚂蚁未进行搜索，返回 Step 2，直到所有蚂蚁都进行搜索为止。

Step 4：根据式（4-9）中第一优先层次的目标函数，获得最优解集 $L_{\text{local}i}$（i=1，2，…，d），d 为最优解的个数。

Step 5：在第一优先层次最优解集的基础上，根据式（4-9）中第二优先层次的目标函数，获得本次搜索的最优解 L_{local}，同时保存最优路径表。

Step 6：对所有路径上的信息素按式（4-14）进行动态更新：

$$\tau_{ij}^{\text{new}} = \rho\tau_{ij}^{\text{old}} + \Delta\tau_{ij} \tag{4-14}$$

$$\Delta\tau_{ij} = \begin{cases} \dfrac{Q}{L_{\text{local}}}, & ij\text{属于本次最优路径} \\ 0, & \text{其他} \end{cases}$$

式中，Q 为常数；ρ 为信息素保留程度，其初始值为 1，随进化的过程动态调整。

Step 7：更新全局最优解及最优路径表。

Step 8：当进化到一定代数、进化方向已基本确定时，为更好地对解空间进行搜索，动态调整确定性选择概率 p_t 与信息素保留程度 ρ。

对于 p_t，其调整规则如下：

$$p_t = \begin{cases} 0.95p_{t-1}, & 0.95p_{t-1} \geqslant p_{\min} \\ p_{\min}, & \text{其他} \end{cases} \tag{4-15}$$

式中，$p_{\min}$ 为进化过程中 p_t 的最小值，用以确保当 p_t 过小时仍然保持一定的确定性选择机会。

对于 ρ，其调整规则如下：

$$\rho_n = \begin{cases} 0.95\rho_{n-1}, & 0.95\rho_{n-1} \geqslant \rho_{\min} \\ \rho_{\min}, & \text{其他} \end{cases} \tag{4-16}$$

式中，$\rho_{\min}$ 为进化过程中 ρ 的最小值，用以防止 ρ 过小而降低算法的收敛速度。

Step 9：判断 nc 是否等于最大迭代次数，若是，则流程结束；否则，清空禁忌表，跳回 Step 2，重复进行上述步骤。

4.4　算 例 验 证

由于物流配送干扰管理问题尚未有标准的测试数据集，因此，首先设计了一个具体算例，以运输成本最低为目标，得到初始配送方案。之后将此方案作为物流配送受扰延迟问题的背景，运用干扰管理两阶段决策方法进行求解，通过与传统全局重调度方法的结果对比，验证本章方法的有效性。

4.4.1 算例设计

算例设计如下：某快餐企业向周围的 12 个客户配送快餐，为计算方便，对客户的信息进行无量纲数据处理，得到表 4-1 的客户信息，其中客户 0 为配送中心。

表 4-1 客户信息

客户	坐标（X，Y）	时间窗 $[ET_i, LT_i]$	忠诚度	惩罚点 LC_i	惩罚点 LR_i	惩罚系数 b_i	本次购买额 g_i	需求量 q_i
0	（40，50）	[0，240]	0	0	0	0	0	0
1	（72，48）	[60，120]	低	120	150	0.08	20	0.3
2	（55，65）	[0，60]	一般	60	90	0.04	20	0.2
3	（83，60）	[30，90]	低	100	150	0.04	10	1.5
4	（68，70）	[30，90]	一般	120	130	0.65	100	0.4
5	（70，75）	[30，120]	高	140	180	0.02	30	0.1
6	（85，50）	[60，100]	高	100	120	0.02	30	0.02
7	（50，62）	[90，180]	一般	180	200	0.2	10	0.3
8	（60，35）	[90，150]	高	130	160	0.08	30	0.05
9	（80，40）	[30，120]	一般	140	170	0.02	160	0.7
10	（88，45）	[60，120]	高	150	180	0.2	200	0.25
11	（42，55）	[150，210]	低	210	240	0.06	10	0.1
12	（48，53）	[90，180]	一般	200	240	0.03	20	0.3

根据上述条件，得出物流配送初始方案的配送路线如图 4-5 所示，配送路线为 0→2→4→5→3→6→10→9→1→8→12→7→11→0，配送车辆到达各客户的时间依次为 0、21、35、40、60、70、76、85、97、114、136、145、156、161，此时成本最小，即目标函数最优。

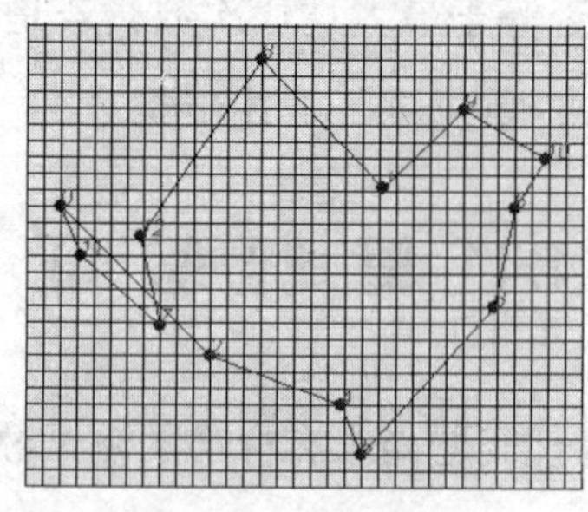

图 4-5 初始方案

4.4.2　实验结果

配送过程中，假设配送车辆由客户 5 向客户 3 行驶时，在时间 53、坐标（79，65）处发生延迟Δt，对延迟时间分以下两种情况进行讨论：①$\Delta t=20$；②$\Delta t=50$。根据 4.1 节系统扰动的判定方法，对于未配送的任意一个客户，当 $t_i+\Delta t>LT_i$，即$\Delta t>LT_i-t_i$时，系统发生了扰动。将未配送客户的相关信息记录于表 4-2，并计算各客户的 LT_i-t_i 值。根据表 4-2 的结果，当$\Delta t>23$时，即系统发生了扰动。因此对于情况①的$\Delta t=20$，系统没有发生扰动，可按初始方案继续配送。对于情况②的$\Delta t=50$，系统发生了扰动，需要重新安排剩余客户的配送顺序。

表 4-2　未配送客户的信息

初始方案配送顺序	3	6	10	9	1	8	12	7	11
LT_i（时间窗的终点）	90	100	120	120	120	150	180	180	210
t_i（到达客户 i 的时刻）	60	70	76	85	97	114	136	145	156
LT_i-t_i	30	30	44	35	23	36	44	35	54

系统发生扰动后，分别采用本章的干扰管理两阶段决策方法与全局重调度方法对问题进行求解，图 4-6 和图 4-7 分别为两种方法得到的结果。

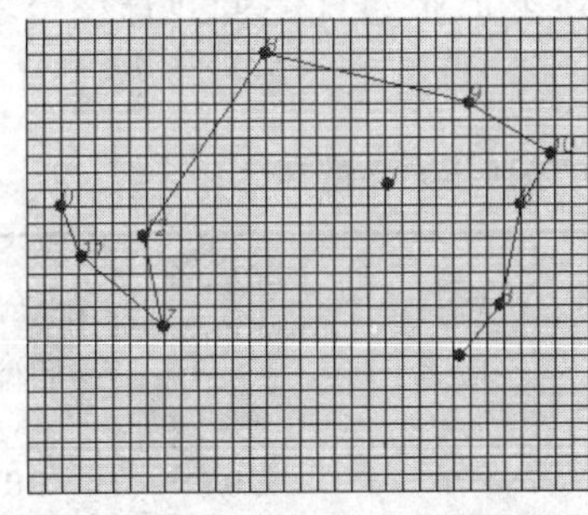

图 4-6　本章方法的调整方案

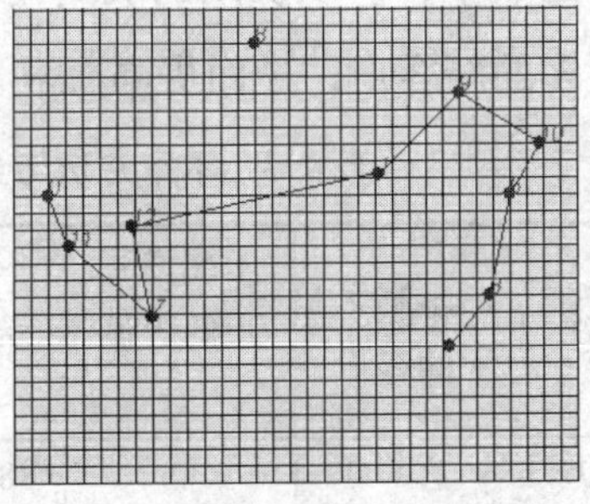

图 4-7　全局重调度方法的调整方案

4.4.3　对比分析

表 4-3 对本章方法与全局重调度方法所得的调整方案进行了对比分析，得出的主要结论如下：

（1）从未配送客户的忠诚度来看，本章方法未配送客户的忠诚度为“低”，全局重调度方法未配送客户的忠诚度为“高”，因此本章方法明显优于全局重调度方法。

（2）从运输成本来看，虽然本章方法得到的结果高于全局重调度方法得到的结果，但是两者相差不多，说明本章方法得到的运输成本很接近于重调度方法得到的运输成本。

（3）从惩罚成本来看，虽然本章方法得到的结果高于全局重调度方法得到的结果，但是两者相差不多，说明本章方法得到的惩罚成本很接近于重调度方法得到的惩罚成本。

（4）从未配送客户的购买额来看，本章方法未配送客户的购买额为“20”，全局重调度方法未配送客户的购买额为“30”，因此本章方法优于全局重调度方法。

综上所述，与全局重调度方法相比，本章提出的干扰管理两阶段决策方法牺牲较少的运输成本和惩罚成本，完成了忠诚度和购买额较高的客户。因此，本章方法得到的结果更为实用。并且，虽然从短期看，企业牺牲了一定的成本，但从长期的战略角度看，有利于企业拥有稳定的客户群并吸引更多的新客户，进而提高赢利。

表 4-3　本章方法与全局重调度方法所得方案的对比

方法	未配送的客户	未配送客户的忠诚度	交货完成率	运输成本	惩罚成本	未配送客户的购买额	配送路线的偏差
本章方法	客户 1	低	88.9%	203	76	20	20%
全局重调度方法	客户 8	高	88.9%	197	71	30	20%

我们从运输成本、惩罚成本、客户本次购买额、交货完成率、客户忠诚度和配送路线的偏差等六个方面度量系统的扰动，并进一步提出了物流配送受扰延迟问题的干扰管理两阶段决策方法。该方法将物流配送系统中

的定性因素考虑在内，克服了现有定量分析下的研究成果，难以应用于解决实际的物流配送受扰延迟问题这一缺陷，为物流配送系统中涉及定性与定量相结合的扰动度量提供了新工具，为解决干扰管理领域扰动度量这一关键问题提供了新思路，有利于丰富和完善干扰管理理论。

由于物流配送受扰延迟问题的复杂性，本章对研究的问题作了一定的假设和简化。为了提高本章方法的普遍性和适用性，进一步将研究以下几个方面：①多车配送问题。由于目前物流配送运营商多数采用多车进行配送，在此条件下，如何产生应对扰动的调整方案，将是下一步研究的重点。②延迟时间不确定问题。与延迟时间确定问题相比，延迟时间不确定问题更加复杂，在实际中更加广泛，因此，将所提方法进一步深化，使其应用于延迟时间不确定问题，有利于干扰管理的发展与普及。

第5章　客户时间窗变化的物流配送干扰管理模型——基于行为的视角

随着社会的发展，人们在生活、工作上的节奏越来越快，时间不确定性也随之越来越高，使得在物流配送过程中，经常有客户临时要求变更配送时间。然而，随着电子商务的普及，物流配送已呈现出送货点分散且点多面广、送货批量小且成本高等特点，由于物流企业运力有限，因此难以适应客户变更配送时间的要求，这就使正在执行的配送方案变得不可行，目前在大家电、贵重物品、重要文件等需要客户亲自签收的快件配送上，已经产生了一系列问题。

因此，如何科学地对配送方案进行调整尤为重要！由于物流配送系统是一个典型的“人—机”系统，除了考虑降低成本损失之外，“人”的参与也必须受到重视。而人在面对扰动时做出的反应是不同的，因此当某一个客户的时间窗发生变化后，需要调整剩余客户的配送顺序，这样势必导致连锁反应，造成整个系统的混乱。此时就需要考虑扰动对整个物流配送系统的影响，生成使系统扰动最小的调整方案。在这种情况下，物流配送问题变得更加复杂，现有的方法和理论体系将难以胜任相关的研究工作。因此，如何有效地处理干扰事件，已成为影响现代物流产业发展的关键！

干扰管理正是一种致力于实时处理这类问题的方法论，它需要针对各种实际问题和扰动的性质，建立相应的优化模型和有效的求解算法，通过对初始方案进行局部优化调整，实时生成使系统扰动最小的调整方案。这个调整方案不是针对扰动发生后的状态完全彻底地重新进行建模和优化，而是以此状态为基础，通过对初始方案进行局部优化调整，快速生成使系统扰动最小的调整方案。

干扰管理自提出以来，已成功应用到航空、机器调度、供应链、项目管理等多个领域。在客户时间窗变化的物流配送干扰管理研究上，国内外学者开展了大量的工作，为该问题的研究开辟了新的思路，但是，由于物流配送系统是一个典型的“人—机”系统，包括客户、物流配送运营商、配送业务员等多个主体，现有研究过分重视物力、财力的调整与优化，而忽略人的行为因素，从而导致寻得的最优解往往在实践中并不可行。因此，针对客户时间窗变化的物流配送干扰管理这一多目标的、主观与客观相结合的优化难题，如何在考虑人的行为因素的情况下，通过权衡各方利益，形成一个多方满意的调整方案，从而以尽量小的扰动，尽快恢复系统的正常运行，是目前该领域存在的主要难题。

针对上述难题，通过结合行为科学中对人的行为感知的研究方法与运筹学中定量的研究手段，提出基于前景理论的扰动度量方法，构建客户时间窗变化的物流配送干扰管理模型及其求解方法，以期为物流配送干扰管理的决策过程提供支持。

5.1　扰动的分析

干扰事件发生后，为了有效地生成使系统扰动最小的调整方案，需要对扰动造成的影响进行分析，从而确定目标函数。扰动的分析详见第 3 章的 3.1 节。

5.2　基于前景理论的扰动度量方法

由 5.1 节可知，物流配送系统包含多个主体，是一个典型的“人—机”系统，扰动必然会影响人的行为感知及决策过程。因此，干扰事件发生后，现有研究成果在处理这一问题上存在一定的局限性。

前景理论将心理学研究做了进一步延伸，在不确定情况下的人为判断和决策方面作出了突出贡献。针对长期以来沿用的理性人假设，前景理论从人的心理特质、行为特征揭示了影响选择行为的非理性心理因素。因此，本节以前景理论为基础，对干扰事件影响下的物流配送系统扰动进行度量。

5.2.1 价值函数的表示

扰动发生后，由于各主体考虑的目标不同，因此，基于前景理论，对各个目标的价值函数进行表示，其中目标 i 的价值函数 $V^i(x)$ 可表示为：

$$V^i(x)=\begin{cases} x^{\alpha^i}, & x\geqslant 0 \\ -\lambda^i(-x)^{\beta^i}, & x<0 \end{cases} \quad i=1,\cdots,n \tag{5-1}$$

其中：α^i、β^i、λ^i 为参数。

人们在开始决策时，首先需要选择参照点，进而才能判定结果到底是盈利还是亏损。由于人们在决策选择时只注意其差异，如果保持现状就等于没有选择，它本身的价值为 0，因此，选择现状作为参照点。

5.2.2 不满意隶属函数的确定

由于各目标的主体是人，而人又是主观的，对扰动的感知是模糊的。因此，需要对各目标进行模糊化处理。

设 x^i 的不满意隶属函数为 $\mu^i(x^i)$，当 $\mu^i(R^i)=1$ 时，基于前景理论，此时人们面临的是亏损，表现出来的是风险追求，根据式（5-1）可知：

$$\begin{aligned}\mu^i(R^i)&=-V^i(-R^i+O^i)\\&=-[-\lambda^i(-(-R^i+O^i))^{\beta^i}]\\&=\lambda^i(R^i-O^i)^{\beta^i}\end{aligned} \tag{5-2}$$

由 $\mu^i(R^i)=1$，可知 $R^i = O^i + (1/\lambda^i)^{1/\beta^i}$。因此，$\mu^i(x^i)$ 可分为以下三段来表示：

① 当 $x^i \geqslant R^i$ 时，$\mu^i(x^i)=1$；

② 当 $O^i \leqslant x^i < R^i$ 时，人们面临的是亏损，根据式（5-1）可知，$\mu^i(x^i)=\lambda^i(x^i-O^i)^{\beta^i}$；

③ 当 $0 \leqslant x^i < O^i$ 时，$\mu^i(x^i)=0$。

综上，x^i 的不满意隶属函数可表示为：

$$\mu^i(x^i)=\begin{cases} 1 , & x^i \geqslant R^i \\ \lambda^i(x^i-O^i)^{\beta^i} , & O^i \leqslant x^i < R^i \quad i=1,\ldots,n \\ 0 , & 0 \leqslant x^i < O^i \end{cases} \tag{5-3}$$

5.2.3　扰动度量函数的构建

根据 5.2.2 节，对各目标采用不满意的隶属度进行度量。目标 i 的不满意度越小，对主体 i 的扰动越小。因此，目标 i 的扰动度量函数为：

$$d^i(x^i)=\min \mu^i(x^i) \quad i=1,\cdots,n \tag{5-4}$$

5.3　客户时间窗变化的物流配送干扰管理模型

本节首先建立初始方案的数学模型。当系统发生扰动后，在该模型的基础上，构建调整方案的干扰管理模型。

5.3.1　初始方案的数学模型

1．问题界定

对要研究的物流配送问题描述如下：

（1）每辆车从配送中心出发，沿着一条路线把装载的货物配送到指定客户后，返回配送中心；

（2）每辆车可以服务多个客户，但每个客户的货物只能由一辆车配送；

（3）每辆车所载货物不能超过装载能力，为简化问题，假设所有车辆的装载能力相同；

（4）每个客户都有其接受服务的时间窗，即客户对货物到达时间的要求是在某个时间段上。

要求合理安排车辆配送路线和行车时间，使得目标函数最优，即准时到达和成本最低。

2．参数及变量说明

n：客户总数量；

V：客户点集合，$V=\{v_0, v_1, \cdots, v_n\}$，$v_0$ 代表配送中心，其他代表客户点；

K：车辆总数；

C_{ij}：车辆从 v_i 到 v_j 的配送成本；

t_{ij}：车辆从 v_i 到 v_j 的行驶时间；

q_i：v_i 的需求量；

Q：车辆的装载能力；

$[ET_i, LT_i]$：v_i 的时间窗。其中，ET_i 是客户要求到货时间段的始点，LT_i 是客户要求到货时间段的终点；

t_i：车辆到达 v_i 的时间；

w_i：车辆对 v_i 的服务时间；

$$x_{ijk}=\begin{cases}1, & \text{车辆}k\text{由}v_i\text{出发后开向}v_j \\ 0, & \text{其他}\end{cases}；$$

$$y_{ik}=\begin{cases}1, & v_i\text{的任务由车辆}k\text{完成} \\ 0, & \text{其他}\end{cases}。$$

3．数学模型

根据以上描述，建立物流配送初始方案的数学模型如下：

$$min\ Z=\sum_{i=0}^{n}\sum_{j=0}^{n}\sum_{k=1}^{K}C_{ij}x_{ijk} \tag{5-5}$$

$$\sum_{i=1}^{n}q_i y_{ik}\leqslant Q \quad k=1,\cdots,K \tag{5-6}$$

$$\sum_{k=1}^{K}y_{0k}=K \tag{5-7}$$

$$\sum_{k=1}^{K}y_{ik}=1 \quad i=1,\cdots,n \tag{5-8}$$

$$\sum_{i=1}^{n}x_{i0k}=1 \quad k=1,\cdots,K \tag{5-9}$$

$$\sum_{i=0}^{n}x_{ijk}=y_{jk} \quad j=1,\cdots,n;\ k=1,\cdots,K \tag{5-10}$$

$$\sum_{j=0}^{n}x_{ijk}=y_{ik} \quad i=1,\cdots,n;\ k=1,\cdots,K \tag{5-11}$$

$$\sum_{k=1}^{K}\sum_{i=0}^{n}x_{ijk}(t_i+w_i+t_{ij})=t_j \quad j=1,\cdots,n \tag{5-12}$$

$$ET_i\leqslant t_i+w_i\leqslant LT_i \quad i=1,\cdots,n \tag{5-13}$$

上述模型中，式（5-5）为目标函数，表示总配送成本最低；式（5-6）为车辆装载的货物总量不大于车辆的装载能力；式（5-7）为每辆车都从配送中心出发；式（5-8）为每个客户只由一辆车配送并且所有客户都得到服务；式（5-9）为车辆对客户服务完毕后，返回配送中心；式（5-10）和式

（5-11）表示变量之间的关系；式（5-12）和式（5-13）表示满足客户要求的时间窗。

5.3.2 干扰管理模型的构建

1．问题描述

在某个客户的时间窗发生变化后，以各配送车辆所在位置作为虚拟的配送中心，是扰动后配送的起点，初始配送中心为配送的终点，即车辆对客户服务完毕后，返回初始配送中心。

另外，如果配送中心有多余的配送车辆，可以协助在途车辆进行配送，但实际上，配送中心往往并没有多余的配送车辆。因此，在制定调整方案时，假设剩余的任务只由原配送车辆完成。

2．参数及变量说明

m：未完成配送任务的客户总数量；

V：客户点集合，$V=\{v_0, v_1, \cdots, v_{m+K}\}$，$v_0$代表初始配送中心；$v_1$，…，$v_m$代表未完成配送任务的客户；$v_{m+1}$，…，$v_{m+K}$代表当前配送车辆所在的位置，即虚拟的配送中心；

μ_i^1：v_i对货物到达时间的不满意度；

μ^2：物流配送运营商对配送成本的不满意度；

μ^3：配送业务员对新路段个数的不满意度；

其他参数及变量与前文相同。

3．扰动的度量函数

（1）客户扰动的度量。根据 5.1 节，对于客户而言，最关心的是货物的到达时间。因此，建立客户 i 的价值函数为：

$$V_i^1(x)=\begin{cases} x^{\alpha^1}, & x \geqslant 0 \\ -\lambda^1(-x)^{\beta^1}, & x<0 \end{cases} \quad i=1,\cdots,n \tag{5-14}$$

其中：选择现状，即没有发生扰动时，初始方案中客户 i 的到货时间 t_i^0 为参照点，如果调整方案中客户 i 的到货时间 $t_i > t_i^0$，意味着客户 i 亏损 $(x<0)$；反之，意味着客户 i 盈利 $(x \geqslant 0)$。

根据公式（5-3），客户 i 对货物到达时间的不满意隶属函数可表示为：

$$\mu_i^1(t_i)=\begin{cases}1, & t_i \geqslant R_i^1 \\ \lambda^1(t_i-t_i^0)^{\beta^1}, & t_i^0 \leqslant t_i < R_i^1 \quad i=1,\cdots,n \\ 0, & 0 \leqslant t_i < t_i^0\end{cases} \tag{5-15}$$

其中：β^1、λ^1 为参数；$R_i^1 = t_i^0 + (1/\lambda^1)^{1/\beta^1}$。

（2）物流配送运营商扰动的度量。根据 5.1 节，对于物流配送运营商而言，在制定调整方案时最关心的是配送成本。因此，建立物流配送运营商的价值函数为：

$$V^2(x)=\begin{cases}x^{\alpha^2}, & x \geqslant 0 \\ -\lambda^2(-x)^{\beta^2}, & x<0\end{cases} \tag{5-16}$$

其中：选择现状，即没有发生扰动时，初始方案的总配送成本 f^0 为参照点，如果调整方案的配送成本 $f > f^0$，意味着物流配送运营商亏损 $(x<0)$；反之，意味着物流配送运营商盈利 $(x \geqslant 0)$。

根据公式（5-3），物流配送运营商对配送成本的不满意隶属函数可表示为：

$$\mu^2(f)=\begin{cases}1, & f \geqslant R^2 \\ \lambda^2(f-f^0)^{\beta^2}, & f^0 \leqslant f < R^2 \\ 0, & 0 \leqslant f < f^0\end{cases} \tag{5-17}$$

其中：β^2、λ^2 为参数；$R^2 = f^0 + (1/\lambda^2)^{1/\beta^2}$。

（3）配送业务员扰动的度量。

根据 5.1 节，对于配送业务员而言，最关心的是配送路线的偏差，主要体现在新路段的个数上。因此，建立配送业务员的价值函数为：

$$V^3(x)=-\lambda^3(-x)^{\beta^3}, \quad x<0 \tag{5-18}$$

其中：由于初始方案中没有新路段，因此函数的参照点为 0，如果调整方案的新路段个数 $g>0$，意味着配送业务员亏损 $(x<0)$；而 g 不可能小于 0，说明配送业务员不可能盈利 $(x\geqslant 0)$。

根据公式（5-3），车辆驾驶员对新路段个数的不满意隶属函数可表示为：

$$\mu^3(g)=\begin{cases}1, & g\geqslant R^3\\ \lambda^3 g^{\beta^3}, & 0\leqslant g<R^3\end{cases} \tag{5-19}$$

其中：β^3、λ^3 为参数；$R^3=(1/\lambda^3)^{1/\beta^3}$。

4．干扰管理模型

以各行为主体的扰动度量函数为基础，采用字典序多目标规划的方法，构建干扰管理模型如下：

$$\min Lex = P_1:\sum_{i=1}^{m}\mu_i^1(t_i)\ P_2:\mu^2(f)\ P_3:\mu^3(g) \tag{5-20}$$

$$P_1 \gg P_2 \gg P_3 \tag{5-21}$$

$$\sum_{i=1}^{m} q_i y_{ik} \leqslant Q \quad k=1,\dots,K \tag{5-22}$$

$$\sum_{i=1}^{K} y_{(m+i)k}=1 \quad k=1,\dots,K \tag{5-23}$$

$$\sum_{i=1}^{m+K} x_{i0k}=1 \quad k=1,\dots,K \tag{5-24}$$

$$\sum_{k=1}^{K}\sum_{i=1}^{m+K} x_{ijk}(t_i+w_i+t_{ij})=t_j \quad j=1,\cdots,m \tag{5-25}$$

$$ET_i \leqslant t_i+w_i \leqslant LT_i \quad i=1,\cdots,m \tag{5-26}$$

式（5-20）为目标函数，表示调整方案与初始方案的偏离最小，即系统的扰动程度最小。在本模型中，客户扰动之和的最小化为第一级目标，物流配送运营商扰动的最小化为第二级目标，配送业务员扰动的最小化为第三级目标；式（5-21）为不同目标的优先级，决策者可针对实际情况，调整不同目标的优先级顺序；式（5-22）为车辆装载的货物总量不大于车辆的装载能力；式（5-23）为每辆车都从虚拟的配送中心出发；式（5-24）为车辆对客户服务完毕后，返回初始配送中心；式（5-25）和式（5-26）表示满足客户要求的时间窗。

5.4　干扰管理模型的求解方法研究

由于干扰管理模型以初始方案的数学模型为基础，而该数学模型是NP-hard 的，因此干扰管理模型也是 NP-hard 的。加之，干扰管理模型还需考虑干扰事件对整个物流配送系统的影响，相对来说更加复杂，求解起来也更加困难。而物流配送实时性很强，需要快速处理干扰事件。在这种背景下，由于蚁群算法具有正反馈、分布式计算以及贪婪的启发式搜索等特点，为求解上述问题提供了可能。但是，该算法仍然存在着容易陷入局部优化、搜索速度较慢等缺陷，因此提出改进的蚁群算法——混合蚁群算法（Hybrid Ant Colony Optimization，HACO），对干扰管理模型进行求解。

算法的基本原理详见第 3 章的 3.4 节。

5.5　算例验证及结果分析

由于物流配送干扰管理问题尚未有标准的测试数据集，因此，算例验证首先设计一个具体算例，以配送成本最低为目标，得到初始方案。之后将此方案作为客户时间窗变化的物流配送干扰管理问题的背景，运用本章方法进行求解。通过与全局重调度方法、局部重调度方法的结果进行对比，验证本章方法的有效性。

5.5.1 算例设计

某配送中心坐标为（0.7，0.7），在 0 时向周围的 24 个客户配送货物，为计算方便，假设客户的信息无量纲，如表 5-1 所示。设车辆的装卸货时间不计，即服务时间为 0。

表 5-1 客户信息

	（X，Y）	$[ET_i, LT_i]$		（X，Y）	$[ET_i, LT_i]$
1	（1.0，0.7）	[1，2]	13	（0.4，0.9）	[0.5，2.5]
2	（0.9，0.9）	[0.5，1.5]	14	（0.5，0.9）	[1.5，3]
3	（1.2，0.9）	[0.5，1.5]	15	（0.9，1.1）	[0.5，1.5]
4	（0.9，0.7）	[0.5，2]	16	（0.5，0.4）	[0，2]
5	（1.0，1.1）	[0.5，1.5]	17	（1.0，0.6）	[1.3，2.5]
6	（0.1，0.8）	[1，2.5]	18	（0.4，1.1）	[0，1]
7	（0.7，0.9）	[1.5，3]	19	（0.4，0.5）	[0，1.5]
8	（0.9，0.5）	[1.5，3]	20	（0.5，0.4）	[0.5，2.5]
9	（1.1，0.5）	[0.5，1.5]	21	（0.6，0.7）	[0，2]
10	（1.3，0.6）	[0.5，2.5]	22	（0.1，1.0）	[1，3]
11	（0.3，0.4）	[0.5，3]	23	（0.2，1.1）	[1.5，3]
12	（0.3，0.7）	[0，1.5]	24	（0.8，0.6）	[1.5，3]

根据上述条件，得出初始方案的配送路线如下。路线 1：0→19→16→20→11→12→6→22→23→13→14→7→0；路线 2：0→3→9→10→1→17→8→24→0；路线 3：0→21→18→15→5→2→4→0。此时总配送成本为 5.7，即目标函数最优。

5.5.2 实验结果

本节采用两种情况来评价干扰管理模型，即：

情况 1：当 t=0.25 时，客户 12 的时间窗由[0，1.5]变为[1.3，3]；

情况 2：当 t=0.3 时，客户 1 的时间窗由[1，2]变为[1.5，2.5]。

根据 Tversky 和 Kahneman，取 β=0.88、λ=2.25。分别采用本章方法、全局

重调度方法和局部重调度方法进行求解，结果如表 5-2 所示。

表 5-2　不同方法的求解结果

<table>
<tr><th></th><th>方法</th><th>配送路线</th><th>客户的扰动</th><th>物流配送运营商的扰动</th><th>配送业务员的扰动</th></tr>
<tr><td rowspan="3">情况1</td><td>本章方法</td><td>0→16→19→20→11→6→22→23→13→12→14→7→0
0→3→9→10→1→17→8→24→0
0→21→18→15→5→2→4→0</td><td>1.76</td><td>0.47</td><td>1</td></tr>
<tr><td>局部重调度方法</td><td>0→11→19→20→16→12→6→22→23→13→14→7→0
0→3→9→10→1→17→8→24→0
0→21→18→15→5→2→4→0</td><td>4.19</td><td>0.24</td><td>1</td></tr>
<tr><td>全局重调度方法</td><td>0→21→19→11→20→16→12→6→22→23→13→14→7→0
0→3→9→10→1→17→8→24→0
0→18→15→5→2→4→0</td><td>4.85</td><td>0.22</td><td>1</td></tr>
<tr><td>情况2</td><td>本章方法</td><td>0→19→16→20→11→12→6→22→23→13→14→7→0
0→3→9→10→17→8→24→1→0
0→21→18→15→5→2→4→0</td><td>1.00</td><td>0.76</td><td>1</td></tr>
<tr><td rowspan="2">情况2</td><td>局部重调度方法</td><td>0→19→16→20→11→12→6→22→23→13→14→7→0
0→3→9→10→17→1→8→24→0
0→21→18→15→5→2→4→0</td><td>1.64</td><td>0.35</td><td>1</td></tr>
<tr><td>全局重调度方法</td><td>0→16→19→20→11→12→6→22→23→13→14→7→0
0→5→3→10→9→1→17→8→24→0
0→21→18→15→2→4→0</td><td>3.21</td><td>0.13</td><td>1</td></tr>
</table>

5.5.3 对比分析

对表 5-2 进行分析，得出的主要结论如下：

从客户的扰动来看，本章方法得到的结果明显优于其他两种方法得到的结果，这说明干扰管理模型在降低客户不满意度上的效果是非常显著的；

从物流配送运营商的扰动来看，本章方法得到的结果劣于其他两种方法得到的结果，但是相差不多，说明干扰管理模型得到的配送成本在物流配送运营商可以接受的范围之内；

从配送业务员的扰动来看，本章方法得到的结果与其他两种方法得到的结果相同，这说明干扰管理模型在抑制配送路线的偏差上不劣于其他两种方法。

综上，在考虑人的行为因素的情况下，本章方法以牺牲较小的配送成本，换来了客户不满意度较大幅度的降低。因此，与全局重调度方法和局部重调度方法相比，本章方法得到的结果更为实用。另外，虽然从短期看，物流配送运营商牺牲了一定的成本，但从长期的战略角度看，有利于拥有稳定的客户群并吸引更多的新客户，进而扩大企业的影响力，促进企业的可持续发展。

本章针对客户时间窗变化的物流配送干扰管理问题，结合行为科学、运筹学等相关理论，做了较深入的研究工作，具体体现在：

（1）提出客户时间窗变化问题基于行为的扰动度量方法，为物流配送系统中涉及人的行为感知的扰动度量提供了新工具，为解决干扰管理领域扰动度量这一关键问题提供了新思路。

（2）将人的行为因素考虑在内，构建物流配送干扰管理的多目标优化模型，并提出改进的蚁群算法——混合蚁群算法的基本原理，为快速求解干扰管理模型这一 NP-hard 问题提供了新思路，为寻找扰动最小的物流配送调整方案提供较为实用的定量分析工具。

本章方法在理论层面上，通过将人的行为因素考虑在内，能够获得较为实用的扰动最小的调整方案，这不仅有利于丰富干扰管理理论和方法，也能够促进行为运筹学、行为运作管理等新兴学科的发展；在实际层面上，本章构建的干扰管理模型具有较强的实际操作性，各个目标之间的优先级别能够非常灵活地进行转变，适用范围较广泛，这有利于促进现代物流产业的发展。

为了研究的方便，本章采用 Tversky 和 Kahneman 给出的 β、λ 值进行算例验证，如何确定上述参数的实际值，从而完善物流配送干扰管理模型，是下一步研究的重点。另外，物流配送系统中存在着大量的干扰事件，客户时间窗变化仅仅是众多干扰事件之一，如何将本章方法进一步深化，使其应用于需求变动、运力受扰等其他干扰事件的处理，也是值得研究的重要方向，有利于干扰管理的发展与普及。

第6章　考虑客户消费行为的物流配送干扰管理模型

6.1　相关研究评述

多年来，国内外学者从多个侧面对干扰事件开展了研究，代表性的方法主要有重调度、鲁棒调度和随机调度等。重调度方法主要是在沿用初始目标的前提下，对物流配送系统进行全局优化调整，然而由于干扰事件对整个系统的影响是多方面的，重调度方法只考虑到初始目标，可能对系统的扰动较大，使得调整方案不可行；鲁棒调度和随机调度主要是通过预测未来可能发生的干扰事件，采用相应的手段进行处理。但是由于干扰事件的发生具有随机性、动态性以及不可预测性等特点，使得该类方法具有很大的局限性。

干扰管理是一种致力于实时处理干扰事件的方法论，它通过对初始方案进行局部优化调整，能够实时生成使系统扰动最小的调整方案，目前已成功应用到航空、机器调度、供应链、船运等多个领域。在物流配送的干扰管理研究上，现有研究过分重视物力、财力的调整与优化，而忽略了客户的行为因素，即假定客户是完全理性的，具体体现在客户面临决策时偏好是一致的。然而，由于客户是有限理性的，面对扰动的感知和做出的反应是不同的，如果忽略了行为因素，往往导致决策与实际不符。因此，针对物流配送干扰管理问题这一多目标的、主观与客观相结合的优化难题，如何把客户的消费特征考虑在内，从而以尽量小的扰动，尽快恢复系统的正常运行，是目前研究的热点与难点。

针对上述难题，通过结合行为科学中对客户消费行为的研究方法与运筹学中定量的研究手段，构建物流配送干扰管理模型并提出求解方法，以期为物流配送干扰管理的决策过程提供支持。

6.2　考虑消费行为的客户细分方法

6.2.1　典型物流配送业务的选择

目前存在的物流配送业务类型较多，如快递、快餐以及副食品配送等。由于配送业务不同，客户的消费行为也不同。在这种情况下，考虑到快餐配送具有消费群体广泛、送货点分散、点多面广的特点，而且快餐是一种典型的易逝品，对配送时间的要求非常严格。使得快餐配送非常复杂，即快餐配送是物流配送中的典型难题。因此，以快餐配送问题作为研究对象，阐述考虑消费行为的客户分类方法。

6.2.2　客户消费行为特征的提取

在依据客户行为特征进行客户细分时，RFM（Recency，Frequency，Monetary）模型是被广泛使用的一种方法。在 RFM 模型的基础上，通过对快餐配送领域的专家进行访谈，并对已有文献进行分析，提取以下行为特征对客户进行细分：

（1）最近消费的时间间隔，即上次消费至当前消费的时间间隔，是维系客户的重要指标之一。统计资料表明，该时间间隔越短，客户就越有可能再次消费，这有利于企业的可持续发展。

（2）消费频率，即某一期间内消费的次数。消费频率越高的客户，忠诚度也就越高，也越有可能与该企业达成新的交易，这有利于增加企业的市场占有率。

（3）平均消费额。传统的 RFM 模型采用消费总额对客户进行细分，但是对于不同的客户，其初次消费的时间是不同的，客户每多一次消费，其消费总额也相应地增加，因此采用消费总额对客户进行细分是不合理的。本章采用平均消费额，即消费总额与消费期间的比值，对客户进行细分，有利于区分不同客户对企业的贡献度。

6.2.3 基于系统聚类分析的客户细分

对于物流配送中的客户，由于在聚类分析之前无法确定类别的个数，而系统聚类分析以模糊等价关系为基础，具有不必事先输入聚成类数的特点。因此，从大连亚惠快餐有限公司获得样本数据 1 000 条，从中筛选出 856 条符合要求的样本数据，采用系统聚类分析对客户进行分类。

为了实现同类客户的差异最小化，不同类客户的差异最大化，通过对聚类结果进行分析，发现当类数为 5 时，同类客户的行为体现了共同的特征，而不同类客户的行为特征差异比较明显。因此将客户分为 5 类，具体如下：

（1）重要客户。这类客户大多是平均消费额高、消费频率高。由于企业顶部20%的客户创造了80%的利润，而20%的客户即为企业的重要客户，因此这类客户必须优先进行服务。

（2）即将丢失的客户。这类客户大多是平均消费额高、最近消费的时间间隔长。统计资料表明：流失一个老客户的损失，需要争取到 10 个新客户才能弥补，因此这类客户也必须优先进行服务。

（3）潜在用户。这类客户大多是最近消费的时间间隔短、消费频率不低。统计资料表明：现代企业开发一个新客户成本是挽留一个老客户成本的 5 倍。由于潜在客户有可能成为利益快速增长的新生点，因此应优先进行服务，使其完成由新客户向老客户的转变。

（4）偶然客户。这类客户大多是平均购买额低、消费频率低。偶然客户的消费存在较大的随机性。因此，在运力足够的情况下，可以对这类客户进行服务，否则，可以取消部分客户的订单。

（5）普通客户。这类客户大多是平均消费额一般、消费频率一般、最近消费的时间间隔一般。由于这类客户消费比较稳定，因此在物流供货商运力不足、无法完成全部客户的配送任务时，可以考虑取消一部分普通客户的订单。

综上，按照不同客户需要不同服务的特点，可将客户分为两大类。第一大类为优先服务的客户，包括重要客户、即将丢失的客户和潜在客户。第二大类为一般服务的客户，包括偶然客户和普通客户，当发生干扰事件时，可取消部分客户的配送任务。干扰管理模型可以分为以下两个阶段进行构建，即第一阶段处理优先服务的客户，第二阶段处理一般服务的客户。通过在第一阶段构建干扰管理子模型 1，然后在第一阶段最优解集的基础上，对第二阶段进行优化，最终实现对系统扰动的度量。

6.3　物流配送干扰管理模型研究

对要研究的物流配送问题描述如下：

（1）每辆车从配送中心出发，沿着一条行车路线把装载的货物配送到指定客户后，返回配送中心；

（2）每辆车可以服务多个客户，但每个客户的货物只能由一辆车配送；

（3）每辆车都有一定的装载能力，为简化问题，假设所有车辆的装载能力相同；

（4）每个客户都有其接受服务的时间窗，即客户对货物到达时间的要求是在某个时间段上。

要求合理安排配送路线和行车时间，使得目标函数最优，即准时到达和成本最低。

6.3.1 第一阶段——处理优先服务的客户

1．问题假设

在物流配送过程中，如果发生了扰动，假设如下：

（1）物流配送初始方案已知；

（2）发生干扰事件时各配送车辆所在位置为虚拟的配送中心，是扰动后配送的起点，初始配送中心为配送的终点，即车辆对客户服务完毕后，返回初始配送中心；

（3）物流配送中心没有多余的配送车辆。

2．参数及变量说明

n：未完成配送任务的客户总数量；

l：未完成配送任务的优先服务的客户数量；

V：点集合，$V=\{v_0, v_1, v_2, \cdots, v_{n+K}\}$，$v_0$ 代表初始配送中心；v_1，v_2，…，v_n 代表未完成配送任务的客户，其中 v_1，v_2，…，v_l 代表未完成配送任务的优先服务的客户；v_{n+1}，…，v_{n+K} 代表当前配送车辆所在的位置，即虚拟的配送中心；

K：车辆总数；

C_{ij}：车辆从 v_i 到 v_j 的配送成本；

t_{ij}：车辆从 v_i 到 v_j 的配送时间；

q_i：v_i 的需求量；

Q：车辆的装载能力；

$[ET_i，LT_i]$：v_i 的时间窗，即客户要求到货时间段的始点和终点；

t_i：车辆到达 v_i 的时间；

w_i：车辆对 v_i 的服务时间；

$$x_{ijk}=\begin{cases}1, & \text{车辆}k\text{由}v_i\text{出发后开向}v_j \\ 0, & \text{其他}\end{cases}。$$

3．干扰管理子模型 1 的构建

干扰管理子模型 1 如下：

$$\min D_1 = -\sum_{i=1}^{l}\sum_{j=1}^{l}\sum_{k=1}^{K} x_{ijk} \tag{6-1}$$

$$\sum_{i=1}^{n+K} x_{i0k} = \sum_{i=n+1}^{n+K}\sum_{j=0}^{n} x_{ijk} \leqslant 1,\quad k=1,\ 2,\ \cdots,\ K \tag{6-2}$$

$$\sum_{j=0}^{n}\sum_{k=1}^{K} x_{ijk} = 1,\quad i=1,\ 2,\ \cdots,\ n+K \tag{6-3}$$

$$\sum_{i=1}^{n+K}\sum_{k=1}^{K} x_{ijk} = 1,\quad j=0,\ 1,\cdots,\ n \tag{6-4}$$

$$\sum_{i=0}^{n} q_i \sum_{j=0}^{n} x_{ijk} \leqslant Q,\quad k=1,\ 2,\ \cdots,\ K \tag{6-5}$$

$$\sum_{k=1}^{K}\sum_{i=1}^{n+K} x_{ijk}(t_i + w_i + t_{ij}) = t_j,\quad j=1,\ 2,\ \cdots,\ n \tag{6-6}$$

$$ET_i \leqslant t_i + w_i \leqslant LT_i,\quad i=1,\ 2,\ \cdots,\ n \tag{6-7}$$

式（6-1）为目标函数，表示完成尽量多的优先服务的客户；式（6-2）为车辆都从虚拟的配送中心出发，并在客户服务完毕后，返回配送中心；式（6-3）和式（6-4）保证每个客户只能被一辆车服务一次；式（6-5）为车辆装载的货物总量不大于车辆的装载能力；式（6-6）和式（6-7）为满足客户的时间窗。

6.3.2　第二阶段——处理一般服务的客户

与第一阶段不同，在运力有限的情况下，第二阶段可以取消部分客户的配送任务。

1．扰动的分析

扰动的分析详见第 3 章的 3.1 节。

2．参数及变量说明

m：未完成配送任务的一般服务的客户数量，$m = n - l$；

V: 点集合，$V=\{v_0, v_1, v_2, \cdots, v_{n+K}\}$，$v_0$ 代表初始配送中心；v_1，v_2，…，v_n 代表未完成配送任务的客户，其中 v_{l+1}，v_{l+2}，…，v_n 代表未完成配送任务的一般服务的客户；v_{n+1}，…，v_{n+K} 代表当前配送车辆所在的位置，即虚拟的配送中心；

D_v：属于调整方案但不属于初始方案的路段集合；

$\overline{\overline{D_v}}$：集合 D_v 的势；

其他参数及变量与前文相同。

3．干扰管理子模型 2 的构建

综上，构建字典序多目标干扰管理子模型 2 如下：

$$min\ D_2 = P_1 : (-\sum_{i=l+1}^{n}\sum_{j=l+1}^{n}\sum_{k=1}^{K} x_{ijk}) \quad P_2 : \sum_{i=0}^{n+K}\sum_{j=0}^{n+K}\sum_{k=1}^{K} C_{ij} x_{ijk} \quad P_3 : \overline{\overline{D_v}} \tag{6-8}$$

$$P_1 \gg P_2 \gg P_3 \tag{6-9}$$

$$\sum_{i=1}^{n+K} x_{i0k} = \sum_{i=n+1}^{n+K}\sum_{j=0}^{n} x_{ijk} \leqslant 1, \quad k=1,\ 2,\ \cdots,\ K \tag{6-10}$$

$$\sum_{j=0}^{n}\sum_{k=1}^{K} x_{ijk} = 1, \quad i=1,\ 2,\ \cdots,\ n+K \tag{6-11}$$

$$\sum_{i=1}^{n+K}\sum_{k=1}^{K} x_{ijk} = 1, \quad j=0,\ 1,\ \cdots,\ n \tag{6-12}$$

$$\sum_{i=0}^{n} q_i \sum_{j=0}^{n} x_{ijk} \leqslant Q, \quad k=1,\ 2,\ \cdots,\ K \tag{6-13}$$

$$\sum_{k=1}^{K}\sum_{i=1}^{n+K} x_{ijk}(t_i + w_i + t_{ij}) = t_j,\quad j=1,\ 2,\ \cdots,\ n \tag{6-14}$$

$$ET_i \leqslant t_i + w_i \leqslant LT_i,\quad i=1,\ 2,\ \cdots,\ n \tag{6-15}$$

式（6-8）为目标函数，保证调整方案与初始方案的偏离最小，即对系统造成的扰动最小。在本模型中，最小化一般服务的客户的未完成率为第一级目标，最小化配送成本为第二级目标，最小化新路段的个数为第三级目标。式（6-9）为不同目标的优先级，决策者可根据偏好或实际情况，调整不同目标优先级顺序。式（6-10）为车辆都从虚拟的配送中心出发，并在客户服务完毕后，返回配送中心。式（6-11）和式（6-12）保证每个客户只能被一辆车服务一次。式（6-13）为车辆装载的货物总量不大于车辆的装载能力。式（6-14）和式（6-15）为满足客户的时间窗。

6.4　干扰管理模型的求解方法研究

由于干扰管理模型以初始方案的数学模型为基础，而初始方案的数学模型是 NP-hard 的，因此干扰管理模型也是 NP-hard 的。而物流配送问题实时性很强，需要快速获得扰动最小的调整方案。在这种背景下，由于蚁群算法具有正回馈、分布式计算以及贪婪的启发式搜索等特点，为有效地求解上述问题提供了可能。但是，该算法仍然存在着容易陷入局部优化、搜索速度较慢的缺陷，因此提出改进的蚁群算法——混合蚁群算法（Hybrid Ant Colony Optimization，HACO），对干扰管理模型进行求解。

算法的基本原理详见第 3 章的 3.4 节。

6.5　算例验证及结果分析

随着现代科技的发展和社会的进步，物流配送系统中人的移动性越来越强，从而导致在快餐配送过程中，配送地址频繁地发生变化。因此，本节以配送地址变化这类干扰事件为例进行建模。

由于物流配送干扰管理问题尚未有标准的测试数据集，因此，算例验证以亚惠快餐的配送为背景，首先以配送成本最低为目标，得到初始配送方案。之后将此方案作为物流配送干扰管理问题的背景，运用本章方法进行求解。通过与重调度、继续执行初始方案的结果对比，验证本章方法的有效性。

6.5.1 算例描述

以某大连亚惠快餐分店为应用背景，假设配送中心所在坐标为(0, 0)，在 17：00 开始向周围的 22 个客户配送快餐，客户信息如表 6-1 所示。设车辆的装卸货时间不计，即服务时间为 0。根据上述条件，得出物流配送初始方案的配送路线如下。

路线 1：0→4→22→21→15→13→16→18→11→6→12→0；

路线 2：0→5→8→9→17→2→3→19→20→0；

路线 3：0→10→7→14→1→0。

6.5.2 实验结果

配送过程中，在当天的 17:26 时，客户 15 的配送地址变化到坐标(1.4, -0.5) 处，此时，如果按照初始方案继续配送，则客户 6、客户 12 的配送任务无法完成，因此，系统发生了扰动。分别采用本章方法、重调度和继续执行初始方案，对上述问题进行求解，得到的结果如表 6-2 所示。

6.5.3 对比分析

通过对表 6-2 进行分析，得出的主要结论如下：

（1）从客户的角度来看，本章方法未完成的客户 18 是一般服务的客户，而重调度方法未完成的客户 15 是优先服务的客户，因此，本章方法得到的结果优于重调度方法得到的结果。同理，本章方法得到的结果也明显优于继续执行初始方案得到的结果。这说明干扰管理模型在完成优先服务的客户上是非常有效的。

（2）从物流配送运营商的角度来看，本章方法得到的配送成本劣于重调度方法得到的结果，优于继续执行初始方案得到的结果，但是三者相差不多。

（3）从配送业务员的角度来看，本章方法得到的结果虽然不如其他两种方法得到的结果，但是新路段的个数相对较少，在配送业务员可以接受的范围之内。

综上所述，在考虑不同客户消费行为的情况下，本章方法以牺牲较小的配送成本和新路段个数，完成了需要优先服务的客户任务。因此，与其他两种方法相比，本章方法得到的结果更为实用。另外，虽然从短期看，物流配送运营商牺牲了一定成本，但从长期的战略角度看，有利于维持重要的客户、吸引更多的新客户，进而扩大企业的影响力，促进企业的持续发展。

表 6-1　客户信息

客户	坐标（X，Y）/km	$[ET_i, LT_i]$	月平均消费额	消费频率	最近消费的时间间隔
1	（−6.6，4.7）	[17：30，18：30]	低	低	长
2	（−9.0，−5.7）	[17：30，18：00]	一般	低	长
3	（−5.7，−3.3）	[17：30，18：30]	一般	低	一般
4	（2.4，−7.1）	[17：00，17：30]	一般	低	长
5	（−2.8，−0.5）	[17：00，18：00]	低	高	短
6	（4.2，2.4）	[18：30，19：00]	一般	高	一般
7	（−3.3，5.7）	[17：00，18：00]	一般	一般	一般
8	（−7.1，0.9）	[17：00，17：30]	高	一般	一般
9	（−8.1，−1.4）	[17：00，18：00]	低	一般	一般
10	（−2.8，4.7）	[17：00，18：00]	一般	高	短
11	（5.0，0.5）	[18：30，19：00]	低	低	长
12	（2.3，4.6）	[18：00，19：00]	高	一般	长
13	（7.8，−2.4）	[17：30，18：30]	一般	低	长

续表

客户	坐标（X，Y）/km	[ET_i，LT_i]	月平均消费额	消费频率	最近消费的时间间隔
14	（-4.7，5.2）	[17：00，17：30]	低	低	短
15	（5.8，-4.7）	[17：00，18：00]	高	高	一般
16	（9.0，0.9）	[17：00，18：30]	低	一般	长
17	（-9.5，-0.9）	[17：00，18：00]	高	高	短
18	（6.9，3.3）	[18：00，19：00]	低	低	长
19	（-3.3，-2.4）	[18：00，19：00]	低	一般	长
20	（-0.9，-3.3）	[18：00，19：00]	低	低	一般
21	（4.8，-5.7）	[17：30，18：00]	一般	低	长
22	（3.3，-3.2）	[17：00，18：00]	一般	一般	一般

表 6-2　不同方法结果的比较

	未完成的客户	客户类型	配送成本	新路段个数
本章方法	客户 18	一般服务	59	3
重调度	客户 15	优先服务	57	1
继续执行初始方案	客户 6	一般服务	61	2
	客户 12	优先服务		

本章针对物流配送干扰管理问题，结合行为科学、运筹学等相关理论，在干扰管理模型与求解方法上进行了探索性的研究工作，具体体现在：

（1）结合运筹学与行为科学等学科理论，创建物流配送干扰管理的两阶段优化模型，不仅为寻找扰动最小的物流配送调整方案提供较为实用的定量分析工具，而且有利于促进了干扰管理、行为运筹等学科领域的发展。

（2）针对物流配送干扰管理的快速求解需求，提出改进的蚁群算法——混合蚁群算法的基本原理，为求解干扰管理模型这一 NP-hard 问题提供了新思路，为寻求科学实用的多目标优化问题的求解方法进行了有益探索。

为了方便，本章采用快餐配送作为典型的配送业务开展研究。但是，由于物流配送业务类型较多，如何将本章方法进一步深化，从而提高普遍性和适用性，是下一步研究的重点。

第 7 章　鲜活农产品冷链物流配送的干扰管理模型研究

随着生活水平的提高，居民对鲜活农产品的新鲜度与品种要求越来越高，而在鲜活农产品的流通中，冷链物流无疑是保证鲜活农产品的新鲜度与品种的重要环节。但是，作为冷链物流的关键部分，冷链配送过程具有高度的不确定性、动态性和连锁性等特点，容易受到众多干扰事件的影响，如车辆故障造成冷藏厢体难以密封、车辆制冷机组突然失灵、交通事故造成车辆受损等，使得事先制定好的计划受到影响，甚至导致冷链中断。如近年来速冻食品“病菌门”、光明牛奶“酸败门”等事件频发，部分原因就在于冷链物流配送过程中干扰事件的处理不当所致，这将严重威胁居民的消费安全。

因此，如何在冷链中断后进行科学处理尤为重要！由于冷链物流配送系统是一个典型的“人—机”系统，除了考虑降低鲜活农产品这类易腐品的成本损失外，“人”的参与也必须受到重视。而人在面对扰动时做出的反应是不同的，因此发生干扰事件后，需要调整剩余服务对象的配送顺序，这样势必导致连锁反应，造成整个系统的混乱。此时就需要考虑扰动对整个冷链物流配送系统的影响，生成使系统扰动最小的调整方案。在这种情况下，鲜活农产品冷链物流配送问题变得更加复杂，现有的方法和理论体系将难以胜任相关的研究工作。如何有效地处理导致冷链中断的干扰事件，已成为影响鲜活农产品冷链物流模式生存和发展的关键。

鲜活农产品作为典型的易腐品，其冷链物流配送处于高度的不确定环境中，导致冷链中断的干扰事件频繁发生，目前对鲜活农产品冷链物流配送的干扰管理关注甚少。另外，现有研究侧重于对物力、财力的调整和优化，而忽略了人的行为因素，这往往导致决策时实际与理论不符。如何在综合考虑多个主体利益的情况下，以尽量小的扰动，尽快恢复系统的正常运行，是目前研究的难点所在。为此，结合行为科学、运筹学和干扰管理中的相关研究手段，创建干扰管理模型及其求解方法，以期为鲜活农产品冷链物流配送的决策过程提供支持。

7.1 鲜活农产品冷链物流配送的干扰管理模型

7.1.1 问题描述

本章研究的问题如下：冷链配送中心向多个客户配送鲜活农产品，配送产品类型单一，冷藏配送车辆类型相同，并满足以下条件：①每辆冷藏车从配送中心出发，沿着行车路线把装载的产品配送到指定客户后，返回配送中心；②客户所需产品由一辆冷藏车完成，且所有客户都得到服务；③冷藏车所载的产品不能超过其装载能力；④每个客户都有其接受服务的时间窗，即客户对产品到达时间的要求是在某个时间段上。在满足这些条件后，要求合理安排配送路线，使得目标函数最优，即配送成本最低。由于篇幅所限，其数学模型可参照相关文献。

当按照最优配送路线执行配送计划的过程中，干扰事件导致冷链中断，原有的配送方案将不再最优，甚至不可行，此时就需要构建干扰管理模型，从而生成使系统扰动最小的调整方案。本章以最频繁发生的干扰事件——冷藏箱体无法正常工作为例，阐述干扰管理模型的构建。

7.1.2　问题假设

（1）物流配送初始方案已知；

（2）对客户进行服务时，冷藏箱体的温度变化忽略不计；

（3）客户的不满意度只与送货时间相关。

7.1.3　参数及变量说明

n：未完成配送任务的客户总数量；

m：初始方案中在途配送车辆的总数量；

V：点集合，$V=\{v_1, \cdots, v_{n+m+1}\}$，$v_1$，…，$v_n$ 代表未完成配送任务的客户；v_{n+1} 为受扰车辆所在位置；v_{n+2}，…，v_{n+m} 代表其他在途配送车辆所在的位置，即虚拟配送中心；v_{n+m+1} 为候备车辆所在的位置，即初始配送中心；

d_{ij}：v_i 与 v_j 之间的距离；

s：配送车辆的行驶速度；

η：冷藏箱体无法工作时，箱体内每升高 1℃所经过的时间；

δ：单位距离的配送成本（包括运输成本、制冷成本等）；

T_0：鲜活农产品接近腐败时的临界温度；

T_n：冷藏车辆正常工作时箱体内的温度，$T_n \leqslant T_0$；

C：冷藏车的固定成本。该费用为定值，不因配送距离的长短而发生改变，具体包括司机的出勤费用、养路费和车辆保养费用等；

t_i：车辆到达 v_i 的时间；

w_i：车辆对 v_i 的服务时间；

T_s：扰动发生的时刻；

$[ET_i, LT_i]$：客户 i 的时间窗，分别为客户要求到货时间段的始点和终点；

$$x_{ijk}=\begin{cases}1, & \text{车辆}k\text{由}v_i\text{出发后开向}v_j \\ 0, & \text{其他}\end{cases};$$

$$y_{ik} = \begin{cases} 1, & v_i\text{的任务由车辆}k\text{完成} \\ 0, & \text{其他} \end{cases};$$

μ_1：生产商对受扰车辆中产品温度的不满意度；

μ_2^i：客户 i 对农产品到达时间的不满意度；

μ_3：物流配送运营商对配送成本的不满意度；

α_1、β_1：生产商的风险态度系数；

α_2、β_2：客户的风险态度系数；

α_3、β_3：物流配送运营商的风险态度系数；

λ_1、λ_2、λ_3：分别为生产商、客户和物流配送运营商的损失厌恶系数。

7.1.4 虚拟客户点的设置

将受扰车辆假定为虚拟的客户点，以便其他车辆顺利进行救援。虚拟客户点可表示为：

（1）受扰车辆所在的位置。当冷藏箱体无法正常工作时，如果受扰车辆也无法继续行驶，则受扰车辆所在的位置即为虚拟的客户，救援车辆需要到达该处进行救援。

（2）受扰车辆与救援车辆的交会点。当冷藏箱体无法正常工作时，如果受扰车辆可以继续行驶，为了降低箱体内温度的变化，需要快速将受扰箱体中的农产品进行转移，可将救援车辆与受扰车辆中途的某一点设为交会点，两车同时赴该点进行动态交接，交汇点设置规则如下：

1）分别以受扰车辆和各候选车辆所在位置为圆心，以 $(T_0 - T_n)*\eta*s$ 为半径做圆，在保证产品不发生腐败的情况下，确定车辆的可达距离范围。

2）如果受扰车辆和候选车辆的可达距离范围有重叠，则候选车辆可以成为救援车辆；否则，不能成为救援车辆。

3）如果某一救援车辆的下一个服务客户 G 在重叠区域内，则 G 为虚拟客户点，如图 7-1（a）所示；否则，在救援车辆的配送路线上，在重叠区域内，选择离客户 G 最近的点 G'为虚拟客户点，如图 7-1（b）所示。

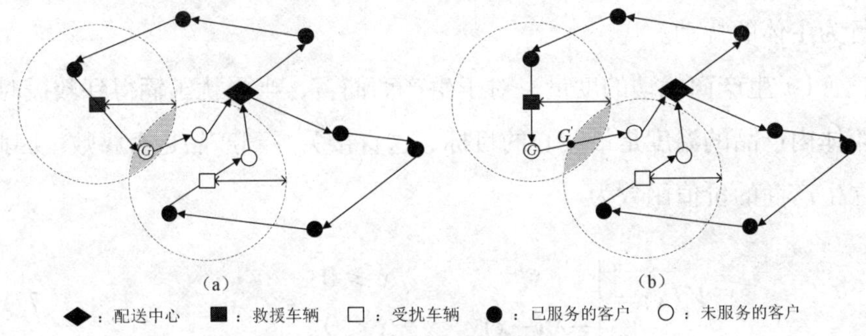

图 7-1　虚拟客户点的设置规则

7.1.5　扰动对各行为主体的影响

由于生产商、客户（包括分销商、零售商和终端客户等）和物流配送运营商是使配送过程能够顺利运行的行为主体，三者的利益是研究的关键。因此，首先分析扰动对上述行为主体的影响，其中客户和物流配送运营商的影响见前文。对于生产商的影响分析如下：冷链中断后，传统方法是从配送成本的角度，凭经验进行重调度。通过调研发现，在速冻食品“病菌门”、光明牛奶“酸败门”等一系列事件发生后，冷链配送中断导致的食品安全问题越来越突出，即当冷藏箱体无法正常工作时，如果继续配送，产品将发生腐坏。这些产品经过二次冷冻并销售时，实际上部分已经变质，它们是难以从正常产品中区分出来的，当问题产品流入消费者手中而引起健康问题时，将严重影响企业的可持续发展。因此，如何将受扰箱体内产品的温度控制在合理的范围，从而使产品不发生腐坏，是生产商考虑的首要目标。

7.1.6　扰动度量函数的确定

前景理论是行为科学中具有重大影响的行为决策理论，它以人的有限理性为基础，能够更加真实地描述人在不确定条件下的决策行为。因此，本节在前期研究工作的基础上，采用基于前景理论的扰动度量方法，度量各行为主体的扰动。

（1）生产商扰动的度量。对于生产商而言，当受扰车辆得到救援时，其箱体内产品的温度是最关心的目标，这直接关系到产品是否腐败。因此，建立生产商的价值函数为

$$V_1(x)=\begin{cases} x^{\alpha_1} & , \quad x\geqslant 0 \\ -\lambda_1(-x)^{\beta_1} & , \quad x<0 \end{cases} \tag{7-1}$$

其中：当温度大于 T_0 时，农产品将产生腐败，因此选择 T_0 作为生产商的参照点。当受扰车辆得到救援时，如果产品的温度 $T>T_0$，意味着生产商亏损 $(x<0)$；反之，意味着生产商盈利 $(x\geqslant 0)$。

生产商对受扰车辆内产品温度的不满意隶属函数可表示为

$$\mu_1(T)=\begin{cases} 1 & , \quad T\geqslant R_1 \\ \lambda_1(T-T_0)^{\beta_1} & , \quad T_0\leqslant T<R_1 \\ 0 & , \quad 0\leqslant T<T_0 \end{cases} \tag{7-2}$$

式中，$R_1=T_0+(1/\lambda_1)^{1/\beta_1}$。

（2）客户扰动的度量。对于客户而言，最关心的是农产品的到达时间。因此，建立客户 i 的价值函数为

$$V_2^i(x)=\begin{cases} x^{\alpha_2} & , \quad x\geqslant 0 \\ -\lambda_2(-x)^{\beta_2} & , \quad x<0 \end{cases}, i=1,\cdots,n \tag{7-3}$$

其中：选择现状，即没有发生扰动时，初始方案中客户 i 的到货时间 t_i^0 为参照点，如果调整方案对客户 i 的到货时间 $t_i>t_i^0$，意味着客户 i 亏损 $(x<0)$；反之，意味着客户 i 盈利 $(x\geqslant 0)$。

客户 i 对农产品到达时间的不满意隶属函数可表示为

$$\mu_2^i(t_i)=\begin{cases}1, & t_i \geqslant R_{2i}\\ \lambda_2(t_i-t_i^0)^{\beta_2}, & t_i^0 \leqslant t_i < R_{2i}, i=1,\cdots,n\\ 0, & 0 \leqslant t_i < t_i^0\end{cases} \tag{7-4}$$

式中，$R_{2i}=[t_i^0+(1/\lambda_2)^{1/\beta_2}](i=1,2,\cdots,n)$。

（3）物流配送运营商扰动的度量。对于物流配送运营商而言，在制定调整方案时最关心的是配送成本。因此，建立物流配送运营商的价值函数为

$$V_3(x)=\begin{cases}x^{\alpha_3}, & x \geqslant 0\\ -\lambda_3(-x)^{\beta_3}, & x < 0\end{cases} \tag{7-5}$$

其中：选择现状，即没有发生扰动时，初始方案剩余客户的配送成本 f^0 为参照点，此时调整方案的配送成本为

$$f=\sum_{i=1}^{n+m+1}\sum_{j=1}^{n+m+1}\sum_{k=1}^{m}\delta d_{ij}x_{ijk}+C\sum_{i=1}^{n+m+1}\sum_{k=1}^{m}x_{i(n+m+1)k} \tag{7-6}$$

如果 $f > f^0$，意味着物流配送运营商亏损 $(x<0)$；反之，意味着物流配送运营商盈利 $(x \geqslant 0)$。

物流配送运营商对配送成本的不满意隶属函数可表示为

$$\mu_3(f)=\begin{cases}1, & f \geqslant R_3\\ \lambda_3(f-f^0)^{\beta_3}, & f^0 \leqslant f < R_3\\ 0, & 0 \leqslant f < f^0\end{cases} \tag{7-7}$$

式中，$R^3=f^0+(1/\lambda_3)^{1/\beta_3}$。

7.1.7　干扰管理模型的构建

对于生产商、客户和物流配送运营商三个行为主体面对扰动时所关注的目标，由于食品安全关系到群众切身利益，进而影响国家的经济发展与社会稳定，因此生产商目标的优先级最高；客户是企业利润的源泉，在出

现突发情况下，应最大限度地保证客户利益不受伤害，这有利于企业的可持续发展，因此客户目标的优先级次之；物流配送运营商的优先级最低。

综上，采用字典序多目标规划的方法，构建干扰管理模型如下：

$$\min Lex = P_1 : \mu_1(T)\ P_2 : \sum_{i=1}^{n} \mu_2^i(t_i)\ \ P_3 : \mu_3(f) \tag{7-8}$$

$$P_1 > P_2 > P_3 \tag{7-9}$$

$$t_i = T_s\ , i = (n+2),\cdots,(n+m+1) \tag{7-10}$$

$$\sum_{i=1}^{m} y_{(n+i+1)k} = 1\ , k = 1,\cdots,m \tag{7-11}$$

$$\sum_{i=1}^{n+m+1} x_{i(n+m+1)k} = 1\ , k = 1,\cdots,m \tag{7-12}$$

$$\sum_{i=1}^{n+m+1} \sum_{k=1}^{m} x_{ijk}[t_i + w_i + (d_{ij} / s)] = t_j\ , j = 1,\cdots,(n+1) \tag{7-13}$$

$$ET_i \leqslant t_i + w_i \leqslant LT_i\ , i = 1,\cdots,n \tag{7-14}$$

式（7-8）为目标函数，表示调整方案与初始方案的偏离最小，即系统的扰动程度最小；式（7-9）表示不同目标的优先级；式（7-10）表示扰动发生的时刻，为制定调整方案的初始时刻；式（7-11）表示每辆车都从虚拟的配送中心出发；式（7-12）表示车辆对客户服务完毕后，返回初始配送中心；式（7-13）和式（7-14）表示满足客户要求的时间窗。

7.2 干扰管理模型的求解方法

车辆路径问题已被证明是 NP-hard 的，而物流配送干扰管理模型以车辆路径问题为基础，求解起来将更加困难。另外，为了尽快恢复系统的正常运行，干扰事件的处理也具有很强的实时性。在这种背景下，由于蚁群算法具有正回馈、分布式计算以及贪婪的启发式搜索等特点，为有效地求解上述问题提供了可能。但是，由于该算法仍然存在着容易陷入局部优化、搜索速度较慢的缺陷，因此提出改进的蚁群算法——混合蚁群算法（Hybrid Ant Colony Optimization，HACO），对干扰管理模型进行求解。算法的基本原理如下：采用信息素调整策略、最优个体变异策略来防止陷入局部优化，改善搜索结果；采用目标节点选择策略、救援车辆选择策略、集成其他算法策略来减少计算量，提高搜索速度。其中，信息素调整策略、最优个体变异策略和目标节点选择策略见前文。下面介绍其他策略。

7.2.1　救援车辆选择策略

在对受扰车辆进行救援时，可供选择的候选车辆很多，包括配送中心的候备车辆和所有的在途车辆，但并不是所有这些车辆都能进行救援的，如果对这些车辆的救援路线都进行计算，必然耗费较长的计算时间。为了缩小解空间的范围，提出救援车辆选择策略。

在干扰管理模型中，生产商目标的优先级最高，即受扰箱体内温度升高至 T_0 之前，必须将鲜活农产品转移到救援车辆上，以防止农产品的腐败。对于候选车辆集合，判断其中车辆是否满足：

$$T_n + \frac{d_{op}}{(1+y)s\eta} \leqslant T_0 \tag{7-15}$$

式中，d_{op} 为受扰车辆与候选车辆的距离；y 为 0-1 变量，当冷藏箱体无法正常工作时，如果受扰车辆可以继续行驶，则受扰车辆与救援车辆可以在途中动态交接，此时 y=1。

当式（7-15）无法得到满足时，则将该车辆删除，并更新候选车辆集合。

7.2.2 集成其他算法策略

蚁群算法易与传统启发式算法相结合的特点，决定其具有很强的耦合性，因此将节约法、邻域交换法两种简洁高效的优化算法集成到蚁群算法中，可大幅度提高算法的求解速度。

（1）节约法。这是一种简单易懂、求解速度较快的算法，其出发点很朴素：由配送中心 P_0 向两个用户 P_i、P_j 各派一辆车运送货物，则总里程为 2×（$d_{0i}+d_{0j}$），若只派一辆车按 $P_0 \to P_i \to P_j \to P_0$ 的路线送货，可得节约量 $\mu_{ij}=d_{i0}+d_{0j}-d_{ij}$，其中 d_{i0} 为客户 i 到配货中心的距离，d_{0j} 为配货中心到客户 j 的距离，d_{ij} 为客户 i 到客户 j 的距离。根据节约量的大小及是否满足装载量约束，可不断改进行车路线。

（2）领域交换法。这是一种通过对初始解进行简单操作而获得新解的一种方法，采用的邻域算子包括如下：

1）随机交换。在初始解中随机选择两个交换节点 i 和 j（$i \neq j$），将它们的位置互换，形成一个新的解，其原理如图 7-2 所示。

2）随机交换子序列。该算子是对随机交换的扩展，通过在初始解中随机选择两段子序列，将它们的位置互换，形成一个新的解，其原理如图 7-3 所示。

3）随机插入。随机选择编码 i 和插入位置 j，将 i 安排在编码位置 j 上，从而形成新的解，其原理如图 7-4 所示。

4）随机插入子序列。该算子是对随机插入的扩展，通过随机选择一段子序列和插入位置 j，将子序列安排在编码位置 j 上，从而形成新的解，其原理如图 7-5 所示。

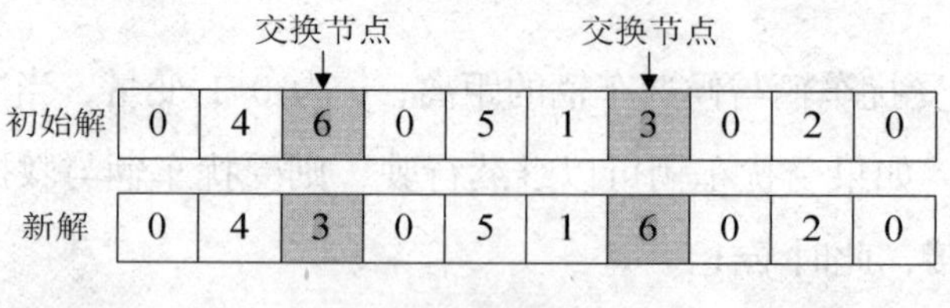

图 7-2 随机交换

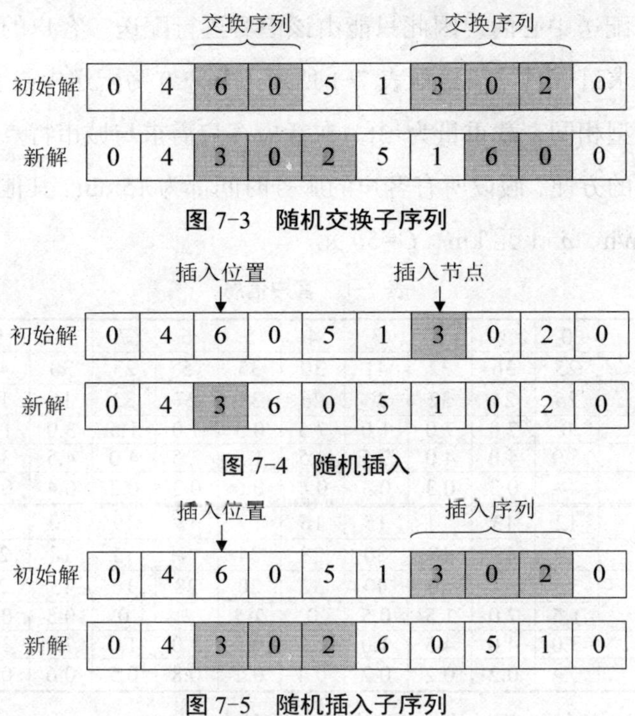

图 7-3　随机交换子序列

图 7-4　随机插入

图 7-5　随机插入子序列

7.3　算例验证及结果分析

由于鲜活农产品冷链物流配送干扰管理问题尚未有标准的测试数据集，因此，算例验证包括两部分：第一部分采用测试题库对算法进行测试（详见第 3 章 3.5.1 节）；第二部分以具体的第三方冷链物流企业为背景，验证干扰管理模型的有效性。下面介绍干扰管理模型验证。

1．算例设计

大连金州新区某第三方冷链物流企业，具有三个容量为 200t 的配送中心，主要提供奶制品、冷鲜肉、水产品等冷藏类食品的仓储和配送服务。在安排某次配送任务前，共接收 23 个关于奶制品的客户订单，这类产品存储在某一个配送中心内，因此只能由该中心进行配送。客户的地理位置、时间窗和需求量等具体信息如表 7-1 所示（客户 0 为配送中心），所有冷藏配送车辆类型相同，载重量为 3t。在考虑客户需求与城市特点的条件下，为研究问题的方便，假设所有客户的服务时间都为 15min。其他参数设置如下：s=30km/h、δ=1 元/km、C=50 元。

表 7-1　客户信息

客户	0	1	2	3	4	5	6	7	8	9	10	11
X 坐标/km	25	36	32	41	30	35	5	23	30	40	44	11
Y 坐标/km	25	24	32	30	26	37	27	32	16	18	22	15
ET_i/h	0	7.0	7.0	1.0	7.5	0.5	7.0	1.5	3.0	1.5	7.0	0.5
LT_i/h	5.0	4.0	4.0	7.5	4.5	1.5	3.5	4.0	4.5	3.0	3.5	3.0
需求量/t	—	0.3	0.3	0.3	0.4	0.6	0.3	0.2	0.4	0.2	0.1	0.2
客户	12	13	14	15	16	17	18	19	20	21	22	23
X 坐标/km	10	13	18	30	28	34	8	15	18	21	4	6
Y 坐标/km	23	32	30	40	32	20	28	16	13	26	34	37
ET_i/h	1.5	7.0	1.5	0.5	0	7.5	0	0	0.5	0.5	1.0	1.0
LT_i/h	3.0	4.0	4.5	1.0	7.0	4.5	1.0	1.0	7.0	3.5	3.0	3.5
需求量/t	0.4	0.2	0.2	0.2	0.4	0.2	0.8	0.5	0.6	0.3	0.2	0.1

根据上述条件，得出各车辆的配送路线如下。

车辆 1：0→16→15→5→ 3→9→10→1→17→8→0；

车辆 2：0→19→20→11→12→6→22→23→13→ 14→0；

车辆 3：0→18→21→7→2→4→0。此时总配送成本为 357 元，目标函数最优。

2．实验结果

当配送进行了 75min 时，车辆 3 的冷藏箱体无法正常工作，所在位置 H 的坐标为（14.5，27），采用如下两种情况来评价干扰管理模型：

情况 1：受扰车辆可以继续行驶，配送中心没有救援车辆；

情况 2：受扰车辆无法继续行驶，配送中心有救援车辆。

根据 Tversky 等，取 β=0.88 、$\lambda = 2.25$ 。为简化问题，假设配送过程中外界温度在 14℃至 18℃之间变化。其他参数设置如下：η=15min、T_0=5℃、T_n=0℃。分别采用本章方法与重调度方法进行求解，结果如表 7-2 所示。

表 7-2　求解结果的比较

情况	方法	配送路线	救援时箱体内的温度	配送成本/元	生产商的扰动	客户的扰动	物流配送运营商的扰动
情况1	本章方法	车辆 1： 3→9→10→1→17→8→0 车辆 2： 11→n'→12→6→22→23→13→14→7→2→4→21→0 车辆 3：H→n'	1.2℃	287	0	4	0
情况1	重调度方法	车辆 1： 3→9→10→1→17→8→0 车辆 2： 11→12→6→22→23→13→H→14→21→7→2→4→0 车辆 3：H	11.2℃	281	1	4.42	0
情况2	本章方法	车辆 1： 3→9→10→1→17→8→0 车辆 2： 11→12→6→22→23→13→14→0 车辆 3：H 救援车辆： 0→H→21→7→2→4→0	1.4℃	323	0	3.42	1
情况2	重调度方法	车辆 1： 3→9→10→1→17→8→0 车辆 2： 11→12→6→22→23→13→H→14→21→7→2→4→0 车辆 3：H	11.2℃	281	1	4.42	0

注：*n*'为虚拟客户点。

3．对比分析

（1）从生产商的扰动来看，无论情况 1 还是情况 2，本章方法在救援时受扰箱体内的温度都不会导致鲜活农产品的腐坏，而重调度方法都将导致鲜活农产品的腐坏，这说明干扰管理模型在降低生产商不满意度的效果是非常显著的。

（2）从客户的扰动来看，无论情况 1 还是情况 2，本章方法得到的结果都优于重调度方法得到的结果，这说明干扰管理模型在降低客户不满意度的效果是比较明显的。

（3）从物流配送运营商的扰动来看，无论情况 1 还是情况 2，本章方法得到的配送成本都有一定程度的上升，特别是对于情况 2，由于使用了配送中心的救援车辆，导致配送成本上升较明显，物流配送运营商的扰动较大。

综上所述，在考虑人的行为因素的情况下，本章方法以牺牲一定的配送成本，换来了生产商不满意度和客户不满意度的不同幅度降低。因此，与重调度方法相比，本章方法得到的结果更为实用。另外，虽然从短期看，物流配送运营商损失了一定成本，但从长期的战略角度看，能够保证居民消费安全和生产商可持续发展，这有利于扩大企业的影响力，进而吸引更多的新客户。

本章针对受干扰事件影响的鲜活农产品冷链物流配送问题，融合运筹学和行为科学，在干扰管理模型与求解方法上进行了探索性的研究工作，具体体现在：

（1）将人的行为因素考虑在内，创建鲜活农产品冷链物流配送的干扰管理模型，为解决干扰管理领域扰动度量这一关键问题提供了新思路，为生成扰动最小的配送调整方案提供更为实用的工具，有利于促进行为运筹这一新兴学科的发展。

（2）将信息素调整策略、最优个体变异策略、目标节点选择策略、救援车辆选择策略、集成其他算法策略融合到蚁群算法中，提出求解干扰管理模型这一 NP-hard 问题的原理和方法，为寻求更为科学实用的多目标优化问题的求解方法进行了有益探索。

为了研究的方便，本章采用 Tversky 等给出的 β 、λ 值进行算例验证。因此，如何在鲜活农产品冷链物流配送的情景下，确定上述参数的实际值，从而完善干扰管理模型，使其实用性更强，是下一步的研究方向。

第 8 章　物流配送受扰延迟问题的干扰管理模型研究

8.1　物流配送受扰延迟问题的干扰管理模型与算法研究

8.1.1　物流配送原计划数学模型的构建

对于本章所要解决的物流配送问题，具体界定如下：从某一物流配送中心用单台配送车辆向多个客户送货，车辆为非满载（装载货运量小于车辆容量，一台车可服务多个客户），每个客户的位置和需求量一定，客户对送货时间的要求满足硬时间窗，要求合理安排车辆配送路径和行车时间，使目标函数得到最优，即准时到达和成本最低。

根据以上描述，建立物流配送原计划的数学模型如下：

$$\min f(x)=\sum_{i=0}^{n}\sum_{j=0}^{n}c_{ij}x_{ij} \tag{8-1}$$

$$\sum_{i=1}^{n}q_i \leqslant Q \tag{8-2}$$

$$ET_i \leqslant t_i+s_i \leqslant LT_i,\quad i=1,\ 2,\ \cdots,\ n \tag{8-3}$$

模型中各参数及变量的含义为：

$G=(V,E)$：无向图，V 表示顶点集，E 表示边集，顶点 v_1，v_2，…，v_n 为客户，v_0 为配送中心；

$$x_{ij}=\begin{cases}1, & \text{车辆由}v_i\text{出发后开向}v_j\text{；}\\0, & \text{其他}\end{cases}$$

c_{ij}：车辆从 v_i 到 v_j 的运输成本；

q_i：v_i 的需求量；

Q：车辆装载能力；

$[ET_i，LT_i]$：v_i 的时间窗。其中，ET_i 是 v_i 要求到货时间段的始点，LT_i 是 v_i 要求到货时间段的终点；

t_i：到达 v_i 的时刻（即 v_i 开始接受服务的时刻）；

s_i：车辆在 v_i 的服务时间。

上述模型中：式（8-1）为目标函数，表示成本最低；式（8-2）为车辆装载的货物总量小于车辆的限定容量；式（8-3）为满足客户要求的时间窗。

8.1.2　物流配送受扰延迟问题的干扰管理模型研究

1．基本假设

假设 1：发生延迟的地点作为虚拟的配送中心，是处理干扰事件的起点，且剩余的任务只能由原配送车辆完成。

假设 2：延迟后，客户的时间敏感度已知。

客户的时间敏感度，即客户对时间延迟的容忍程度，如非工作群体通常对时间较不敏感，可以容忍一定程度的延迟，即在时间窗以外到达对这类客户没有影响。由于客户的时间敏感度与多种因素有关，因此本章不对客户的时间敏感度进行研究，即在延迟发生后，客户的时间敏感度已知。

假设 3：物流配送系统扰动程度的评价主要与交货完成率、配送成本、客户消费总值以及货物价值有关。

物流配送系统主要包括物流供应商、客户和配送货物等组成部分，延迟发生后，对各部分的影响如下：

（1）对物流供应商来说，主要体现在两方面：一是企业信誉，这方面主要与交货完成率有关，交货完成率越低，则抱怨企业的用户越多，对企业信誉造成的影响越大；二是配送成本，这也是物流配送原计划的主要目标，干扰事件发生后，供应商还是希望用尽量低的成本，完成配送任务。

（2）对客户来说，客户的重要程度越高，干扰事件对客户的影响越大。这主要体现在客户与供应商的业务往来上，客户累计的消费总值越大，该客户的重要程度就越大。

（3）对配送货物来说，货物的价值越大，对买卖双方的影响越大。如果货物不能按时送到，整个配送系统的扰动也就越大。

2．干扰管理模型的构建

进行上述假设后，由于决策者的偏好以及客观情况不同，因此在评价物流配送系统扰动程度时，对于各指标的侧重也就不同，即各指标之间具有不同的优先级，本章依据字典序多目标规划方法，建立物流配送受扰延迟问题的干扰管理数学模型如下：

$$\min Lex = P_1:(-f_1) \quad P_2:f_2 \quad P_3:(-f_3) \quad P_4:(-f_4) \tag{8-4}$$

$$f_1=\frac{\sum_{i=1}^{m}y_i}{m};\quad f_2=\frac{\sum_{i=0}^{m}\sum_{j=0}^{m}c_{ij}x_{ij}}{d^0};\quad f_3=\frac{\sum_{i=0}^{m}y_in_i}{\sum_{i=0}^{m}n_i};\quad f_4=\frac{\sum_{i=0}^{m}y_ig_i}{\sum_{i=0}^{m}g_i}$$

$$ET_i \leqslant (t_i+s_i)y_i \leqslant LT_i \tag{8-5}$$

模型中各参数及变量的含义为：

$G=(V, E)$：无向图，V 表示顶点集，E 表示边集，顶点 v_1，v_2，……v_m 为未完成的客户，v_0 为虚拟的配送中心；

P_1、P_2、P_3、P_4：不同指标的优先级；

$$y_i=\begin{cases}1, & v_i\text{任务被完成}\\0, & \text{其他}\end{cases};$$

$$x_{ij}=\begin{cases}1, & \text{车辆由}v_i\text{出发后开向}v_j\\ 0, & \text{其他}\end{cases};$$

d^0：按原路线行驶的配送成本；

n_i：v_i 累计的消费总值；

g_i：v_i 此次配送的货物价值；

其余参数及变量与前文相同。

上述模型中：式（8-4）为目标函数，表示系统的扰动程度最小。其中 f_1 为交货完成率，f_2 为新计划配送成本与原计划配送成本的比值，f_3 为已完成客户的消费总值之和与所有客户的消费总值之和的比值，f_4 为已完成客户的货物价值之和与所有客户的货物价值之和的比值。式（8-5）为对于可完成配送任务的客户，必须满足客户要求的时间窗。

8.1.3　干扰管理模型的求解算法研究

由于上述干扰管理的数学模型是 NP-hard 问题，求解起来非常困难，因此如何快速实时地处理干扰事件，获得扰动小、恢复快的抗干扰策略，是干扰管理的关键环节。由于蚁群算法具有正反馈、分布式计算以及贪婪的启发式搜索等主要特点，为有效地求解复杂的优化问题提供了可能，因此采用蚁群算法对上述模型进行求解。主要实现步骤如下：

Step 1：初始化各控制参数；

Step 2：每一只蚂蚁选择下一个未走过节点；

Step 3：所以蚂蚁搜索完成后，更新信息素；

Step 4：判断是否满足迭代终止条件，若是，则算法结束，输出结果；否则，跳回 Step 2，重复进行上述步骤。

8.2　实验结果及分析

本节采用具体算例，验证上述方法的有效性。为计算方便，对客户的信息进行无量纲数据处理。

随机产生一组物流配送的数据，客户信息如表 8-1 所示，配送中心的坐标为（40，50），开始配送的时间为 0，返回配送中心的时间为 240。配送车辆的载重量为 5，行驶速度为 1，客户的服务时间忽略不计。根据上述条件，可以得出物流配送原计划的配送路线，如图 8-1 所示，其中客户的配送路线为 2、4、5、3、6、10、9、1、8、12、7、11，相应到达各客户的时间 t_i 为 21、35、40、60、70、76、85、97、114、136、145、156，此时配送成本最低，为 162。

假设配送车辆在由客户 5 向客户 3 行驶的途中，即在时间 53、坐标(79，65)处发生延迟△t，对延迟时间分以下两种情况进行讨论，即①△t=10；②△t=30。

根据系统扰动的判定方法，当△t>20 时，即发生了干扰事件。因此对于情况①，即△t=10 时，此时没有发生干扰事件，按原计划继续配送即可。对于情况②，即△t=30 时，此时发生了干扰事件，需要重新安排剩余客户的配送计划。

表 8-1　客户基本信息

客户＼信息	X 坐标	Y 坐标	ET_i	LT_i	消费总量	货物价值	货物重量
1	72	48	60	120	120 000	20 000	0.3
2	55	65	0	60	1 200	100	0.2
3	83	60	30	90	5 000	1 000	1.5
4	68	70	30	90	4 500	2 100	0.4
5	70	75	30	120	2 200	1 100	0.1
6	85	50	60	90	1 000	200	0.02
7	50	62	90	180	10 000	5 000	0.3
8	60	35	90	150	6 000	3 000	0.05
9	80	40	30	120	500	500	0.9
10	88	45	60	120	20 000	8 000	0.25
11	42	55	150	210	3 000	800	0.1
12	48	53	90	180	300	300	0.3

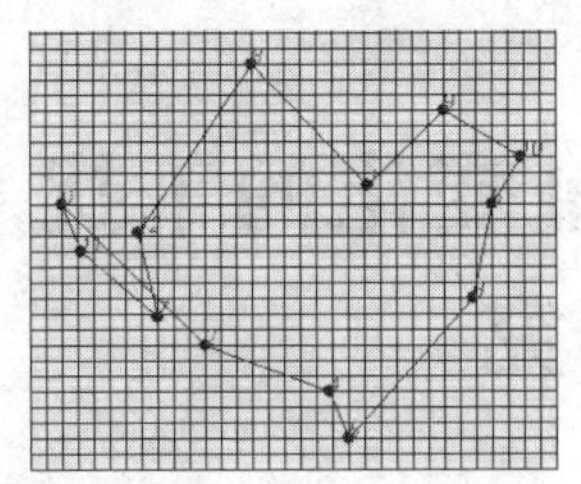

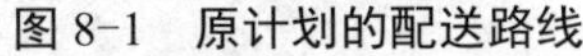
图 8-1　原计划的配送路线

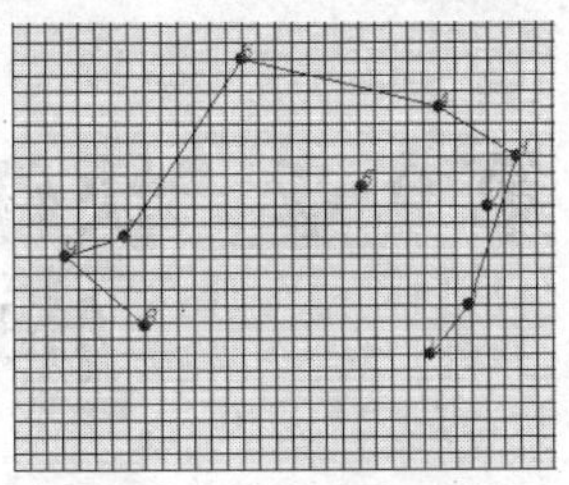
图 8-2　抗干扰策略

干扰事件发生后，采用以下两种方法进行处理：①re-scheduling 的方法。目标函数为准时到达且成本最低，此时上述问题无可行解。②本章的方法。以坐标点（79，65）作为虚拟的配送中心，各指标的优先级从高到低的顺序为：交货完成率、配送成本、客户消费总值以及货物价值，客户的配送路线相应为 3、10、9、8、12、11、7，此时客户 2、5 无法配送，如图 8-2 所示。该策略主要适用于以下情况：优先完成客户数量，其次配送成本最低。此外，可针对不同的条件，设定各评价指标优先级的顺序，得出相应的抗干扰策略，由于篇幅所限，不逐一进行列举。

本章以交货完成率、配送成本、客户消费总值以及货物价值等四个指标来评价系统的扰动程度，并进一步提出系统扰动程度的评价方法，可针对不同的条件，获得扰动小的抗干扰策略，使干扰带来的副作用最小化，为求解物流配送受扰延迟这一难题提供新的手段；提出物流配送受扰延迟问题的干扰管理模型及其求解算法，可实时地获得处理干扰事件的抗干扰策略，提高了物流配送系统的快速应变能力，为物流调度提供了科学化的新工具。

第 9 章　快件配送地址变化的干扰管理模型研究

9.1　考虑消费行为的客户分类方法

快件配送中，由于不同客户具有不同的特点，因此有必要对客户进行分类，从而在发生扰动时实行差异化服务。现有分类方法以客户基本属性（如性别、文化程度等）为基础，所有客户面对扰动时的行为相同。但是在新的环境下，人的决策偏好是不同的。因此，采用现有分类方法得到的最优解，往往并不是实际问题的可行解。

由于 IT、数码、通讯类产品在网购中所占比重较大，且配送的客户群体非常广泛，对配送时间的要求相对比较严格，因此，以这类产品的快件配送为研究对象，在前期研究工作的基础上，对客户按照以下步骤进行分类：①在不确定环境下，统计客户态度，以此为基础进行客户分类；②列出影响客户态度的特征因素；③快件配送时，使用上述资料，确定不同客户面对扰动的态度，进行差异化服务。

9.1.1　客户态度的归纳

当快件没有在限定的时间范围内到达时，通过调查与统计，得出客户存在“拒收快件”和“接收快件”两种态度，而在“接收快件”态度下，又可以进一步分为“以后继续使用该快递”和“以后不再使用该快递”两种情况。考虑到每种态度的特点，将客户定义为以下三种：

（1）敏感型客户：拒收快件；

（2）容忍型客户：接收快件，以后继续使用该快递；

（3）抱怨型客户：接收快件，以后不再使用该快递。

9.1.2　影响客户态度的特征因素分析

通过与配送领域的专家进行访谈，并对客户进行调研，确定客户的特征因素为以下两类：

（1）基本属性：包括性别、年龄、职业和月收入；

（2）交易特征：包括年消费总额、当前消费额和年消费频率。

9.1.3　典型特征因素的归纳

1. 调查问卷的制定与收集

根据快件配送中客户的特征因素以及态度，制定调查问卷，之后在大连市范围内发放问卷 500 份，收回问卷 426 份，剔除无效问卷 23 份，最终得到有效问卷 403 份。

2. 典型基本属性和交易特征的归纳

对不同类型客户的典型基本属性和交易特征进行总结，如表 9-1 所示。

表 9-1　典型基本属性和交易特征的归纳

客户类型	典型基本属性和交易特征
敏感型客户	年龄 30 以下；当前消费额 200 元以下；年消费频率 2 次以下
容忍型客户	学生；当前消费额 200 元以下；年消费频率 5 次以上
抱怨型客户	女；月收入 3 001 以上；年消费总额 500 元以下

9.1.4　客户多阶段的划分

考虑到每类客户的不同特点，可将快件配送地址变化问题分为以下两个阶段：第一阶段处理敏感型客户和抱怨型客户，因为当他们的配送服务没有按需满足时，不仅损害快递公司的当前利益，也会影响其潜在利益，因此需要优先完成他们的配送任务；第二阶段处理容忍型客户，当运力有限时，可以取消部分客户的配送任务。

9.2 快件配送地址变化的干扰管理模型研究

对快件配送问题描述如下：某快递公司具有若干台载重量相同的货运车辆，为某一范围内的客户提供快件配送服务。快件配送过程中，每辆车在快件分拣中心进行装载，沿着指定的路线执行配送计划，最后回到快件分拣中心。由于每个客户都有特定的时间窗口来接收快件，因此需要在满足服务准时的前提下，制定成本最优的配送方案。

9.2.1 第一阶段——处理敏感型客户和抱怨型客户

1. 问题假设

干扰事件发生后，快件分拣中心没有额外可用的货运车辆，无法对在途货运车辆进行救援。

2. 参数及变量

n：尚未配送快件的客户个数；

l：尚未配送快件的敏感型客户和抱怨型客户的个数之和；

K：执行配送任务的车辆总数；

V：点集合，$V=\{v_0,v_1,v_2,\cdots,v_{n+K}\}$，$v_0$ 为快件分拣中心；$\{v_1,v_2,\cdots,v_n\}$ 为尚未配送快件的客户，其中 $\{v_1,v_2,\cdots,v_l\}$ 为尚未配送快件的敏感型客户和抱怨型客户；$\{v_{\mathrm{n+1}},v_{n+2},\cdots,v_{n+K}\}$ 为在途货运车辆所在的位置；

$$x_{ijk}=\begin{cases}1, & \text{车辆}k\text{由}v_i\text{出发后开向}v_j \\ 0, & \text{其他}\end{cases}。$$

3．干扰管理子模型 1 的构建

为了完成剩余敏感型客户和抱怨型客户的配送任务，构建子模型 1 的目标函数为

$$\min D_1=-\sum_{i=1}^{l}\sum_{j=1}^{l}\sum_{k=1}^{K}x_{ijk} \tag{9-1}$$

式（9-1）表示完成客户任务数量的最大化。

9.2.2　第二阶段——处理容忍型客户

由于部分客户的配送需求在该阶段可能无法得到满足，因此首先分析扰动对不同利益相关者的影响，进而创建干扰管理模型。

1．参数及变量说明

m：未完成配送任务的容忍型客户总数量，$m=n-l$；

μ_1^i：客户 i 对快件到达时间的不满意度；

μ_2：快递公司对配送成本的不满意度；

μ_3：快递员对新路段个数的不满意度；

t_i^0：初始方案中客户 i 的到货时间；

t_i：调整方案对客户 i 的到货时间；

f^0：初始方案的配送成本；

f：调整方案的配送成本；

g：调整方案的新路段个数；

α_1、α_2、α_3：分别为客户、快递公司和快递员面对收益时的风险态度系数；

β_1、β_2、β_3：分别为客户、快递公司和快递员面对损失时的风险态

度系数；

λ_1、λ_2、λ_3：分别为客户、快递公司和快递员的损失厌恶系数。

其他参数与变量与前文相同。

2. 扰动对各利益相关者的影响

快件配送过程中利益相关者主要包括客户、快递公司和快递员，扰动发生后，对各类主体造成的影响及产生的后果主要为：

（1）客户。

由于客户的态度和决策偏好不同，当某一个快件的配送地址变化后，将导致尚未配送的快件无法按要求送达，从而影响整个快件配送过程。

（2）快递公司。

当车辆的配送路线发生变化后，必将影响系统的总成本，此外还会增加通讯成本和其他一些额外的费用。

（3）快递员。

快递员的调整路线与初始路线不一致后，将会对其工作情绪造成一定程度的影响。如果两者间的偏差较大，将有可能导致快递员的消极与散漫。

3. 扰动度量函数的确定

前景理论能够较为现实地刻画环境变化时人的决策行为，本节结合已有的工作成果，进行扰动度量的研究。

（1）客户扰动的度量。

对于客户 i，其价值函数可表示如下：

$$V_1^i(x)=\begin{cases} x^{\alpha_1}, & x\geqslant 0 \\ -\lambda_1(-x)^{\beta_1}, & x<0 \end{cases}, i=1,\cdots,m \tag{9-2}$$

选择 t_i^0 为参照点，如果 $t_i > t_i^0$，则客户 i 损失 $(x<0)$；反之，则客户 i 收益 $(x\geqslant 0)$。

建立客户 i 的不满意隶属函数如下：

$$\mu_1^i(t_i)=\begin{cases}1 & , \quad t_i \geqslant R_{1i} \\ \lambda_1(t_i-t_i^0)^{\beta_1} & , \quad t_i^0 \leqslant t_i < R_{1i}, i=1,\cdots,m \\ 0 & , \quad 0 \leqslant t_i < t_i^0\end{cases} \tag{9-3}$$

式中，$R_{1i}=[t_i^0+(1/\lambda_1)^{1/\beta_1}](i=1,2,\cdots,m)$。

（2）快递公司扰动的度量。

对于快递公司，其价值函数可表示如下：

$$V_2(x)=\begin{cases}x^{\alpha_2} & , \quad x \geqslant 0 \\ -\lambda_2(-x)^{\beta_2} & , \quad x<0\end{cases} \tag{9-4}$$

选择 f^0 为参照点，如果 $f>f^0$，则快递公司损失 $(x<0)$；反之，则快递公司收益 $(x \geqslant 0)$。

建立快递公司的不满意隶属函数如下：

$$\mu_2(f)=\begin{cases}1 & , \quad f \geqslant R_2 \\ \lambda_2(f-f^0)^{\beta_2} & , \quad f^0 \leqslant f < R_2 \\ 0 & , \quad 0 \leqslant f < f^0\end{cases} \tag{9-5}$$

式中，$R_2=f^0+(1/\lambda_2)^{1/\beta_2}$。

（3）快递员扰动的度量。

快递员关注的是配送路线的偏差，即新路段个数，因此，其价值函数可表示如下：

$$V_3(x)=-\lambda_3(-x)^{\beta_3} \quad , \quad x<0 \tag{9-6}$$

选择 0 为参照点，如果 $g>0$，则快递员损失 $(x<0)$；而 g 不可能小于 0，即快递员无法收益 $(x \geqslant 0)$。

建立快递员的不满意隶属函数如下：

$$\mu_3(g)=\begin{cases}1 & , \quad g \geqslant R_3 \\ \lambda_3 g^{\beta_3} & , \quad 0 \leqslant g < R_3\end{cases} \tag{9-7}$$

式中，$R_3 = (1/\lambda_3)^{1/\beta_3}$。

4．干扰管理子模型 2 的构建

采用字典序多目标规划方法，构建子模型 2 的目标函数为

$$\min Lex = P_1 : \sum_{i=1}^{m} \mu_1^i(t_i) \ P_2 : \mu_2(f) \ P_3 : \mu_3(g) \tag{9-8}$$

$$P_1 > P_2 > P_3 \tag{9-9}$$

式（9-8）表示方案间的偏离最小，即对系统的副作用最小。其中第一级、第二级和第三级的目标依次考虑客户、快递公司和快递员的收益。式（9-9）为目标的优先级，可在不同的情况下进行动态调整。

9.3　干扰管理模型的求解的方法

上述模型是复杂的组合优化问题，求解难度更大。另外，为了使系统尽快恢复正常，干扰事件也必须快速地进行处理。在此背景下，提出混合蚁群算法（Hybrid Ant Colony Algorithm，HACA），对上述模型进行求解。其求解方法详见第 7 章 7.2 节。

9.4　算例验证及结果分析

9.4.1　算法验证

1．实验结果

测试数据集是在 Benchmark Problems 所列的六类问题中，每类随机选择一个例题而组成。采用不同的算法对所选例题进行求解，结果如表 9-2 所示。

表 9-2　不同算法的求解结果

例题	ACA		GenSAT		SATabu		IACS-SA		MACS-IH		HACA	
	车数	距离	车数	距离	车数	距离	车数	距离	车数	距离	车数	距离
R1-10	11	1 202	11	1 105	11	1 120	12	1 090	10	1 119	11	1 109
R2-06	4	978	3	834	5	975	3	915	3	906	3	855
C1-04	10	901	10	835	10	895	10	828	10	825	10	825
C2-05	3	602	3	589	3	599	3	589	3	589	3	589
RC1-07	11	1 298	11	1 264	12	1 303	11	1 247	11	1 230	11	1 235
RC2-02	4	1 335	4	1 291	8	1 151	4	1 165	3	1 366	4	1 164

2．结果分析

通过对表 9-2 中的求解结果进行对比分析，得出结论如下：HACA 求得的结果完全优于 ACA 求得的结果；67%优于或接近于 GenSAT 求得的结果；83%优于或接近于 SATabu、IACS-SA 和 MACS-IH 得到的结果。

实验表明，相较于已有算法，HACA 在求解上述问题时总体表现较好，这说明 HACA 对于 NP-hard 问题的求解具有非常大的竞争优势。但是，HACA 的参数设定目前还需通过多次实验才能确定，不同的参数组合使得求解结果也存在差异，这将导致当前求得的解并非最优。将算法中的参数合理优化后，其求解性能还有改进的空间。

9.4.2　干扰管理模型验证

1．算例设计

以京东物流在大连市的快件配送为背景，验证本章模型的有效性。为了研究的方便，将实际问题简化如下：

（1）两个客户间的配送成本，用两者间的几何距离来代替；

（2）考虑到大连市现有的交通状况，假设货运车辆的平均速度为 30km/h；

（3）通过客户填写的信息，能够得到所需的数据；

（4）考虑到客户和快递员工作时间的要求，设快件的最晚到达时间为17：00。

表 9-3 为某天需要配送快件的客户信息（客户 0 为配送中心），车辆从15：00 开始配送。通过计算，得到快件配送的初始方案如图 9-1 所示。

表 9-3　客户信息

客户	坐标（X，Y）/km	时间窗 $[ET_i, LT_i]$	性别	年龄/岁	职业	月收入/元	年消费总额/元	当前消费额/元	消费频率/次/年
0	（0，0）								
1	（5.0，0.5）	[8：00，17：00]	女	30 以下	学生	1 000 以下	500 以下	200 以下	2 以下
2	（3.3，-3.2）	[14：00，16：00]	男	30 以下	职员	1 001～3 000	2 001 以上	1 001 以上	3～4
3	（7.8，-2.4）	[9：00，17：00]	男	31 以上	学生	1 000 以下	500 以下	501～1 000	3～4
4	（5.8，-4.7）	[15：00，17：00]	女	30 以下	职员	3 001 以上	500 以下	501～1 000	3～4
5	（4.8，-5.7）	[13：00，16：00]	女	30 以下	职员	3 001 以上	500 以下	200 以下	2 以下
6	（-9.5，-0.9）	[13：30，17：00]	女	31 以上	职员	3 001 以上	501～2 000	201～500	5 以上
7	（-0.9，-3.3）	[8：00，17：00]	男	30 以下	其他	1 000 以下	501～2 000	201～500	2 以下
8	（2.3，4.6）	[15：00，17：00]	男	30 以下	职员	1 001～3 000	501～2 000	200 以下	2 以下
9	（6.9，3.3）	[8：00，17：00]	男	30 以下	学生	1 000 以下	501～2 000	200 以下	5 以上
10	（9.0，0.9）	[11：00，17：00]	男	31 以上	职员	3 001 以上	2 001 以上	501～1 000	5 以上
11	（-6.6，4.7）	[13：00，17：00]	女	30 以下	职员	1 001～3 000	500 以下	200 以下	3～4
12	（-7.1，0.9）	[9：00，16：00]	男	30 以下	其他	1 000 以下	500 以下	201～500	2 以下

续表

客户	坐标（X，Y）/km	时间窗 $[ET_i, LT_i]$	性别	年龄/岁	职业	月收入/元	年消费总额/元	当前消费额/元	消费频率/次/年
13	（−5.7，−3.3）	[9：00，17：00]	女	30 以下	学生	1 000 以下	500 以下	200 以下	3～4
14	（−3.3，−2.4）	[8：00，17：00]	男	30 以下	学生	1 000 以下	501～2 000	201～500	3～4
15	（2.4，−7.1）	[13：30，17：00]	女	30 以下	职员	1 001～3 000	2 001 以上	501～1 000	5 以上
16	（−2.8，4.7）	[15：00，17：00]	女	31 以上	职员	1 001～3 000	500 以下	200 以下	2 以下
17	（4.2，2.4）	[11：00，17：00]	女	31 以上	其他	3 001 以上	500 以下	200 以下	3～4
18	（−8.1，−1.4）	[8：00，17：00]	女	31 以上	学生	1 000 以下	500 以下	200 以下	2 以下
19	（−4.7，5.2）	[9：00，17：00]	男	31 以上	其他	3 001 以上	2 001 以上	1 001 以上	5 以上
20	（−3.3，5.7）	[8：00，17：00]	男	30 以下	学生	1 000 以下	501～2 000	201～500	3～4
21	（−2.8，−0.5）	[13：00，17：00]	女	30 以下	学生	1 000 以下	500 以下	200 以下	2 以下
22	（−9.9，−4.3）	[13：00，16：00]	女	30 以下	学生	1 000 以下	500 以下	200 以下	2 以下
23	（−9.0，−5.7）	[8：00，17：00]	男	30 以下	职员	3 001 以上	501～2 000	201～500	3～4

2．实验结果

在配送进行到 15：26 时，客户 4 的配送地址变化到地点（1.4，−0.5），采用本章方法进行求解，得到调整方案如图 9-2 所示。

为了验证上述方案更为有效，将本章方法与全局重调度和右移重调度得到的结果进行对比，如表 9-4 所示。

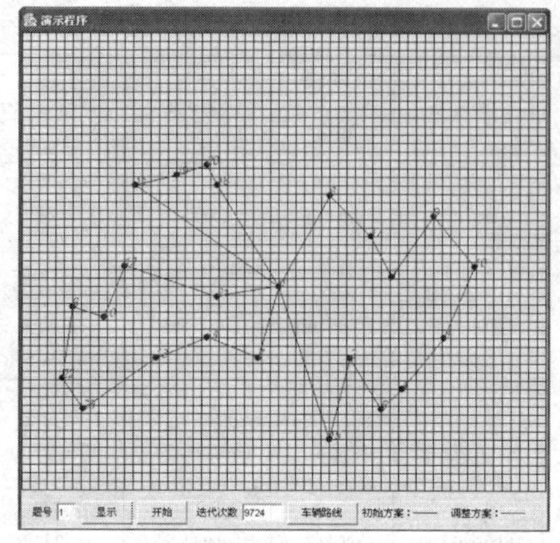

图 9-1　初始方案

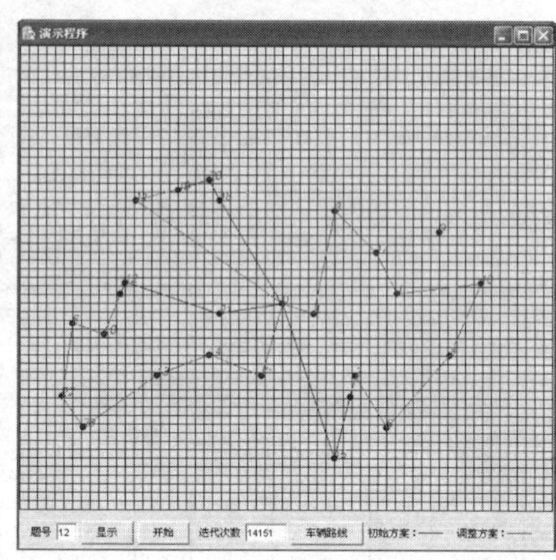

图 9-2　调整方案

表 9-4　对比分析

<table>
<tr><th>方法</th><th>配送顺序</th><th colspan="2">未完成的客户及类型</th><th>配送成本</th><th>新路段个数</th></tr>
<tr><td>本章方法</td><td>车辆 1：
0’→2→5→3→10→1→17→8→4
车辆 2：
0’→18→6→22→23→13→14→7
车辆 3：0’→11</td><td>客户 9</td><td>容忍型</td><td>58</td><td>3</td></tr>
<tr><td>全局重调度</td><td>车辆 1：
0’→2→5→3→10→9→1→17→8
车辆 2：
0’→18→6→22→23→13→14→7
车辆 3：0’→11</td><td>客户 4</td><td>抱怨型</td><td>56</td><td>1</td></tr>
<tr><td rowspan="2">右移重调度</td><td rowspan="2">车辆 1：
0’→2→5→4→3→10→9→1
车辆 2：
0’→18→6→22→23→13→14→7
车辆 3：0’→11</td><td>客户 8</td><td>敏感型</td><td rowspan="2">60</td><td rowspan="2">2</td></tr>
<tr><td>客户 17</td><td>抱怨型</td></tr>
</table>

注：0’为虚拟配送中心

3．对比分析

通过对表 9-4 分析可知，与全局重调度相比，从配送成本和新路段个数上看，本章方法得到的结果较差，但在快递公司和快递员满意的范围内。但是，从未完成的客户上看，本章方法优势明显。原因在于，通过分析客户的基本属性和交易特征可知，客户 4 是抱怨型客户，而客户 9 是容忍型客户，未对客户 4 进行配送可能造成快递公司失去客户，其所造成的影响远远大于未对客户 9 进行配送所造成的影响。在综合考虑客户、快递公司和快递员三方利益的情况下，本章方法优于全局重调度。同理，本章方法也优于右移重调度。

综上，考虑到客户态度及差异，本章方法虽然支付了一定的额外成本并且增加了一定的新路段，但是却有针对性地完成了客户的配送任务，实现了客户的差异化服务。另外，虽然快递公司失去了部分收益，但是从战略角度来看，有利于减少客户的流失并吸引更多的新客户。因此，相较于其他两种重调度，上述结果充分体现了本章方法的主要优势，也说明本章方法更为合理和实用。

针对快件配送地址变化问题，提出“典型业务→统计分析→特征归纳→客户识别→扰动度量”的研究新思路，创建快件配送地址变化的干扰管理两阶段优化决策模型，并采用快速高效的 HACA 进行求解。

从理论视角看，本项研究将客户的行为考虑在内，能够快速有效地产生副作用较小的调整方案，为干扰事件的快速处理与实时决策提供了新工具，有效提高了不确定环境下快件配送系统的应对能力。从实践视角看，本章方法可以用于很多其他领域，例如航班调度、项目管理、生产调度等。

第 10 章　行驶时间延迟下物流配送干扰管理模型——基于客户终身价值的视角

10.1　行驶时间延迟的物流配送干扰管理模型

10.1.1　问题描述

接到客户下达的订单后，企业会选择合适的配送模式（自营物流或第三方物流），根据客户需求合理制定配送车辆的行驶方案，为了突出研究问题，要求满足以下条件：

（1）每台配送车辆都从同一配送中心出发，按照既定计划将车辆上的货物依次送到指定客户，任务结束后再返回配送中心；

（2）所有配送车辆都有相同的容量限制，且配送车辆所载货物应小于或等于其最大装载量；

（3）每个客户所需的服务时间相同；

（4）客户都会事先约定接收货物的时间范围；

（5）配送成本只与配送距离相关。

综合考虑上述条件后，要求合理安排配送路线，在客户规定的时间窗内完成所有配送任务，目标是配送成本最低。由于篇幅所限，其数学模型可参照相关文献。

10.1.2　问题假设

如果行驶时间延迟给系统带来了扰动，导致初始配送方案不再可行，假设如下：

（1）初始配送方案已知，且配送中心不存在多余的配送车辆，即余下的配送任务必须由原来的车辆完成；

（2）将干扰事件发生的地点设置成虚拟配送中心，延迟结束后车辆从虚拟配送中心出发，完成剩余的配送任务后返回原配送中心；

（3）如果货物没有在客户要求的时间内到达，客户会拒收。

10.1.3　参数及变量说明

h：未完成配送任务的客户总数量；

K：车辆总数；

V：点集合，$V=\{v_0, v_1, v_2, \cdots, v_{h+K}\}$，$v_0$ 代表初始的配送中心；v_1，v_2，…，v_h 代表未完成配送任务的客户；v_{h+1}，…，v_{h+K} 代表当前配送车辆所在的位置，即虚拟的配送中心；

C_{ij}：车辆从 v_i 到 v_j 的配送成本；

q_i：v_i 的需求量；

Q：车辆的装载能力；

w_i：客户 v_i 所需的服务时间；

t_i：车辆到达 v_i 的时间；

t_{ij}：车辆从 v_i 到 v_j 的行驶时间；

$[ET_i, LT_i]$：v_i 的时间窗，即客户要求到货时间段的始点和终点；

CLV_i：v_i 的终身价值；

$$x_{ijk}=\begin{cases}1, & \text{车辆}k\text{由}v_i\text{出发后开向}v_j \\ 0, & \text{其他}\end{cases};$$

$$y_{ik}=\begin{cases}1, & v_i\text{的任务由车辆}k\text{完成} \\ 0, & \text{其他}\end{cases}。$$

10.1.4　扰动度量函数的构建

干扰管理的核心是扰动发生后，新的调整方案要考虑到原来的优化目标，同时又要把扰动带来的副作用最小化。因此，扰动度量函数包括两部分，即初始目标和偏离成本，而其中确定偏离成本无疑更为关键。

客户既是配送服务的接受者也是配送服务的感受者，是配送体系中的重要主体。客户最关心的是能否按时收到货物，一旦行驶时间延迟对整个系统造成了扰动，就会使得部分客户无法得到相应的配送服务。因为客户是有限理性的，必然造成未得到服务的客户不满，以至于这部分客户会减少二次购买，甚至终止与企业的交易关系，客户的流失最终导致客户未来购买金额的损失。由于客户的重要程度并不相同，流失客户的终身价值越大，客户未来购买金额的损失也就越多，对企业未来利润的影响也就越严重。因此，偏离成本主要从客户终身价值的角度进行度量。

1. 客户终身价值的界定

客户终身价值是客户关系管理的分支，随着客户关系重视程度的增加和数据挖掘技术的发展，客户终身价值在通信行业、金融服务业、酒店业、物流业等都得到广泛的应用。

客户终身价值的本质是每个购买者在未来可能为企业带来的收益总和，本章将其界定为：从当前时间点到客户与企业关系结束点的时间段内，客户为企业贡献的现金流。

客户终身价值分析方法是帮助企业鉴别、筛选有价值客户的重要手段，所以在物流配送行驶时间延迟后，在无法为所有客户提供配送服务的情况下，客户终身价值分析能够帮助企业选择为哪些客户提供服务，以降低企业的未来损失。

2. 客户终身价值的计算

客户终身价值的量化模型较多，其中 Pareto/NBD 能够预计客户在未来交易周期内的消费次数，Gamma-Gamma 能够预计客户在未来交易周期内的单次消费金额，将 Pareto/NBD 和 Gamma-Gamma 结合起来测量个体客户的终身价值，既简单易操作，又充分考虑了客户消费行为的复杂性。

（1）Pareto/NBD 预测购买次数模型。

Pareto/NBD 模型是使用范围最广的预计客户交易行为的模型，充分考虑到客户消费行为的复杂性。Pareto/NBD 模型适用于非契约型交易情景下连续购买行为的预估，即客户与企业之间不受合同的约束，消费行为随机发生，客户也可能随时流失，企业无法提前预知，流失的表现是客户在较长一段时期内不再发生重复消费，而且不同客户的购买率和流失率相差非常大。该模型需要满足：

1）单个客户的二次消费服从参数为 λ 的泊松分布，其中 λ 是购买概率；

2）λ 服从参数为 γ 、α 的 $\Gamma(\gamma, \alpha)$ 分布；

3）每个客户从初次消费到最终流失的时间周期服从参数为 u 的指数分布，其中 u 代表流失率；

4）客户的流失率 u 服从参数为 s、β 的 $\Gamma(s, \beta)$ 分布；

5）所有客户的购买率 λ 和流失率 u 都彼此不相关。

根据以上假设，若客户在（0，T）内消费 x 次，且最后一次消费的时间 t_x 满足 $t_x<T$，则其在（T，$T+t$）内购买次数的期望为

$$E(X(t)|X=x,t_x,T,\gamma,\alpha,s,\beta)=\frac{(\gamma+x)(\beta+T)}{(\alpha+T)(s-1)}[1-(\frac{\beta+T}{\beta+T-t_x})^{s-1}]\cdot P(active\,|\,\gamma,\alpha,s,\beta,T) \tag{10-1}$$

$$P(active\,|\,\gamma,\alpha,s,\beta,T)=\{1+(\frac{s}{\gamma+s+x})(\alpha+T)^{\gamma+x}(\beta+T)^{s}A_0\}^{-1},\alpha\neq\beta$$

$$A_0=\begin{cases}\dfrac{F(\gamma+s+x,s+1;\gamma+s+x+1;\frac{\alpha-\beta}{\alpha+t_x})}{(\alpha+t_x)^{\gamma+s+x}}-\dfrac{F(\gamma+s+x,s+1;\gamma+s+x+1;\frac{\alpha-\beta}{\alpha+T})}{(\alpha+T)^{\gamma+s+x}}, & \alpha>\beta\\[2ex] \dfrac{F(\gamma+s+x,s+1;\gamma+s+x+1;\frac{\beta-\alpha}{\beta+t_x})}{(\beta+t_x)^{\gamma+s+x}}-\dfrac{F(\gamma+s+x,s+1;\gamma+s+x+1;\frac{\beta-\alpha}{\beta+T})}{(\beta+T)^{\gamma+s+x}}, & 其他\end{cases}$$

式中，x 为客户在（0，T）内消费的总次数；P 为客户活跃度；F 为高斯超几何分布函数。为计算方便，上述公式已做简化处理。

（2）Gamma-Gamma 预测购买金额模型。

Gamma-Gamma 模型在预计客户未来消费金额方面的能力较为突出，自提出以来得到了广泛认可，该模型需要满足：

1）不同客户间消费金额的差异性参数 η 服从参数为 u 和 v 的 $\Gamma(u, v)$ 分布；

2）客户的单次消费金额 m 服从参数为 δ 和 η 的 $\Gamma(\delta, \eta)$ 分布；

3）消费金额模型的参数 δ 、η 、u 、v 与 Pareto/NBD 模型的参数 γ 、α 、s、β 无关。

若一个客户在（0，T）内重复消费了 x 次，x 次消费金额的平均值是 $\overline{m}$ ，则其单笔消费金额的后验期望可以表示为

$$E(m \mid \delta, u, v, \overline{m}, x) = \frac{(\overline{m}x + v)\delta}{\delta x + u - 1} \tag{10-2}$$

（3）客户终身价值。

因为本章将客户终身价值界定为从当前时间点开始，客户在未来为企业贡献的现金流，所以客户终身价值可以通过下式计算：

$$CLV = \sum_{t=1}^{n} \frac{X_t m_t}{(1+d)^t} \tag{10-3}$$

式中，$X_t = E(X(t) \mid X = x, t_x, T) - E(X(t-1) \mid X = x, t_x, T)$ 为客户在第 t 期的预计消费次数；$m_t = E(mx \mid \delta, u, v, \overline{m}, x)$ 为客户在第 t 期的预计消费金额；d 为折现率；n 为预计的交易周期长度。

式（10-3）将客户的成长性考虑在内，较为准确地预测客户未来的消费金额和消费次数，进而计算出每一位客户在未来一段时间内给企业带来的价值，充分体现了客户之间的价值差异以及客户为企业贡献的真实价值。

3．基于客户终身价值的扰动度量函数

由于行驶时间延迟下有 h 个客户未完成配送任务，方案调整后，得到服务的客户数量为 $\sum_{i=1}^{h}\sum_{k=1}^{K}y_{ik}$ ，因此，基于客户终身价值的扰动度量函数可表示为

$$\sum_{i=1}^{h}CLV_i(\sum_{k=1}^{K}y_{ik}) \tag{10-4}$$

10.1.5　干扰管理模型

在扰动度量函数的基础上，采用字典序多目标规划的方法，构建物流配送干扰管理模型如下：

$$\min Lex = P_1:-\sum_{i=1}^{h}CLV_i(\sum_{k=1}^{K}y_{ik})\ P_2:\sum_{i=0}^{h+K}\sum_{j=0}^{h+K}\sum_{k=1}^{K}C_{ij}x_{ijk} \tag{10-5}$$

$$P_1 > P_2 \tag{10-6}$$

$$\sum_{i=1}^{h}q_i y_{ik} < Q\,,\,k=1,\cdots,K \tag{10-7}$$

$$\sum_{i=1}^{K}y_{(h+i)k}=1\,,\,k=1,\cdots,K \tag{10-8}$$

$$\sum_{i=1}^{h+K}x_{i0k}=1\,,\,k=1,\cdots,K \tag{10-9}$$

$$\sum_{k=1}^{K}y_{ik}=1\,,\,i=1,\cdots,h \tag{10-10}$$

$$\sum_{i=1}^{h+K} x_{ijk} = y_{jk}\ ,\ j=1,\cdots,h;\ k=1,\cdots,K \tag{10-11}$$

$$\sum_{j=1}^{h} x_{ijk} = y_{ik}\ ,i=1,\cdots,h+K;\ k=1,\cdots,K \tag{10-12}$$

$$\sum_{k=1}^{K}\sum_{i=1}^{h+K} x_{ijk}(t_i + w_i + t_{ij}) = t_j\ ,\ j=1,\cdots,h \tag{10-13}$$

$$ET_i \leqslant t_i + w_i \leqslant LT_i\ ,i=1,\cdots,h \tag{10-14}$$

式（10-5）为目标函数，表示调整方案与初始方案的偏离最小，即系统的扰动程度最小。在本模型中，由于未服务的客户的总终身价值越大，企业潜在的损失可能越多，对企业未来的影响也就越严重，因此，完成服务的客户的终身价值之和最大为第一级目标，配送成本最小为第二级目标。式（10-6）为不同目标的优先级，决策者可针对实际情况，调整不同目标的顺序。式（10-7）为配送车辆所载货物小于其最大装载量。式（10-8）为每辆车都从虚拟的配送中心出发。式（9）为车辆对客户服务完毕后，返回初始配送中心。式（10-10）为每个客户只由一辆车配送并且所有客户都得到服务。式（10-11）、式（10-12）和式（10-13）表示变量之间的关系。式（10-14）为客户接收货物的时间在其要求的时间窗内。

10.2 干扰管理模型的求解

物流配送数学模型已被证明是 NP-hard 的，而干扰管理模型以该数学模型为基础，求解起来将更加困难。为此，在前期相关研究工作的基础上，进一步对蚁群算法进行改进，并与邻域交换法进行融合，提出 IACONI（Improved Ant Colony Optimization with Neighborhood Interchange）算法，对模型进行求解。

10.2.1　IACONI 算法的基本原理

1．目标节点选择策略

为了克服蚁群算法容易陷入局部优化、搜索速度较慢的缺陷，IACONI 算法提出一种确定性选择和随机选择相结合的策略。当蚂蚁从当前节点 i 出发时，按照式（10-15）选择下一个节点 j：

$$j=\begin{cases}\arg\max_{j\notin tabu_k}[\tau_{ij}(t)]^{\alpha}[\eta_{ij}(t)]^{\beta}[\mu_{ij}]^{\gamma}, & q\leqslant p_t\\ \text{随机选择}\quad j\notin tabu_k, & \text{其他}\end{cases}\tag{10-15}$$

$$p_t=\begin{cases}0.95p_{t-1}, & 0.95p_{t-1}\geqslant p_{\min}\\ p_{\min}, & \text{其他}\end{cases}\tag{10-16}$$

式中，$tabu_k$（$k=1, 2, \cdots, m$）为禁忌表，m 为蚂蚁总数量，记录蚂蚁 k 当前所走过的所有节点；τ_{ij} 和 η_{ij} 分别表示节点 i 和节点 j 之间的信息素浓度和能见度；μ_{ij} 为吸收节约法而引入的节约量；α、β、γ 为各变量的相对重要程度；q 是一个随机数，$q\in[0, 1]$；p_t 为进化过程中第 t 代的确定性选择概率，其初始值取 $p_0=1$，进化的过程按下式进行调整：

其中：$p_{\min}$ 为进化过程中 p_t 的最小值，用以确保当 p_t 过小时仍然保持一定的确定性选择机会。

通过上述调整，在算法搜索初期，具有较大的确定性选择机会，从而加快算法收敛到最优解的附近；在算法搜索后期，即当进化方向已基本确定时，具有较大的随机选择概率，以利于对解空间更完全地搜索。

2．解空间缩减策略

为了提高搜索速度，本章提出解空间缩减策略。对于所有车辆，从当前客户出发，选择进行服务的下一个客户时，基于以下三个原则来展开：

（1）容量原则。

如果选择下一个客户进行服务时，车辆的载重量超出车辆的装载能力，则放弃该客户，并更新候选客户集合。

（2）距离原则。

车辆在选择下一个客户时，不可能是离当前客户较远的那些客户，因此，仅选择离当前客户较近的部分客户即可。否则，如果考虑所有客户的话，必然耗费较长的计算时间。

（3）时间原则。

如果车辆在选择下一个客户时，满足式（10-14），既能够在客户要求时间范围内到达，则保留该客户，并更新候选客户集合。

3. 算法融合策略

由于蚁群算法具有正回馈、分布式计算以及贪婪的启发式搜索等特点，在求解上述干扰管理模型时具有较大的优势。而领域交换法能够通过对初始解进行简单操作而获得新解，具有简洁高效的特点。将蚁群算法进行改进，进而与邻域交换法进行融合，不仅能够防止搜索陷入局部优化，而且能够提高算法的求解速度。邻域交换法采用邻域算子来实现，主要包括：

（1）反转子序列。

通过在初始解中随机选择一段子序列，将其编码进行反转，从而形成新的解，其原理详如图 10-1 所示。

（2）随机交换反转子序列。

该算子通过在初始解中随机选择两段子序列，将他们的编码反转后对位置进行互换，形成一个新的解，其原理详如图 10-2 所示。

（3）随机插入反转子序列。

该算子通过随机选择一段子序列和插入位置 j，将子序列反转后安排在编码位置 j 上，从而形成新的解，其原理详如图 10-3 所示。

（4）随机交换子序列及反转子序列。

通过在初始解中随机选择两段子序列，将其中一段子序列反转后对位置进行互换，形成一个新的解，其原理详如图 10-4 所示。

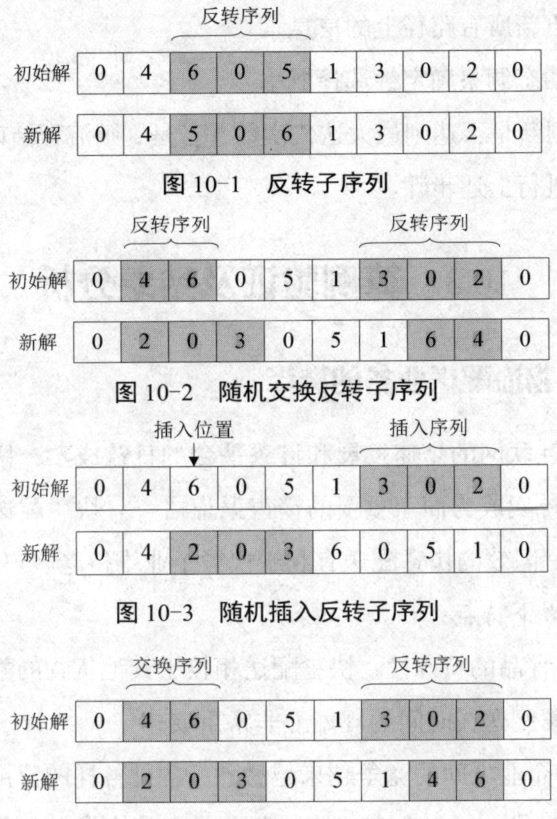

图 10-1　反转子序列

图 10-2　随机交换反转子序列

图 10-3　随机插入反转子序列

图 10-4　随机交换子序列及反转子序列

10.2.2　求解流程

干扰管理模型的主要求解步骤如下：

步骤 1：初始化控制参数和信息素分布，读取客户资料。

步骤 2：结合解空间缩减策略，每次迭代运行两轮，每轮的优化目标分别是式（10-5）的两个目标。

步骤 3：随机选择 n 个邻域算子（$1 \leqslant n \leqslant 4$；为满足对解空间的完全搜索，$n$ 开始时较大，进化到一定代数后减小），对算法实施领域交换，计算目标函数值，更新本次最优路径表。

步骤 4：将本次最优解与全局最优解进行比较，更新全局最优路径表。

步骤 5：更新所有路径上的信息素。

步骤 6：动态调整确定性选择概率。

步骤 7：判断是否达到最大迭代次数，若是，则流程结束；否则，跳回步骤 2，重复进行上述步骤。

10.3 算例验证及结果分析

10.3.1 典型物流配送业务的选择

随着移动互联网的高速发展和订餐平台的日益成熟，快餐业面临着新的发展机遇，外卖成为商家重要的销售渠道之一。快餐配送是整个外卖过程的重要环节，高效的快餐配送有利于快餐企业维持老客户和吸引新客户。快餐配送具有以下特点：

（1）由于食品的特殊性，快餐配送相较于其他货物的配送更具时间紧迫性，所以快餐配送在时间的规划上非常重要；

（2）快餐企业之间的竞争越来越激烈，各种各样的营销手段使得快餐行业进入微利时代，如何合理地控制配送成本是快餐企业利润增长的重要方式之一；

（3）由于配送环境的复杂性，快餐配送过程中常常遇到各种干扰事件导致行驶时间延迟，这导致部分客户无法按时收到快餐，给客户带来不满意的消费体验。

综上，行驶时间延迟可能造成客户的流失，给商家带来一定程度的损失。因此，以快餐配送问题作为研究对象，验证本章方法的有效性。

10.3.2 算法验证

1．实验结果

本节采用典型的测试题库——Benchmark Problems 对 IACONI 算法进行

测试。在该题库所列的六类例题中，每一类随机选取两个问题组成测试数据集，采用传统蚁群算法（ACO）、改进蚁群算法、改进遗传算法、改进禁忌搜索算法、改进粒子群算法和 IACONI 算法进行求解，结果如表 10-1 所示。

表 10-1　IACONI 和其他算法的实验结果

例题	ACO		IACS-SA		MACS-IH		LGA		SATabu		GA-PSO		IACONI	
	车辆	距离	车辆	距离	车辆	距离	车辆	距离	车辆	距离	车辆	距离	车辆	距离
R1-01	19	1 702	19	1 671	19	1 651	20	1 672	19	1 655	20	1 646	18	1 613
R1-11	13	1 187	11	1 112	10	1 097	12	1 087	12	1 091	12	1 069	12	1 090
C1-04	10	901	10	828	10	825	10	825	10	895	10	825	10	825
C1-07	10	860	10	829	10	829	10	829	10	829	10	843	10	829
RC1-01	14	1 789	15	1 653	14	1 697	16	1 699	14	1 678	15	1 645	14	1 637
RC1-07	11	1 298	11	1 247	11	1 230	12	1 253	12	1 303	12	1 226	11	1 235
R2-02	6	1 242	4	1 102	3	1 192	8	1 067	6	1 078	6	1 081	6	1 116
R2-06	4	978	3	915	3	906	6	911	5	975	4	904	3	879
C2-05	3	602	3	589	3	589	3	589	3	599	3	599	3	589
C2-06	4	685	3	588	3	588	3	588	4	654	3	588	3	588
RC2-02	4	1 335	4	1 165	3	1 366	8	1 125	8	1 151	8	1 173	4	1 162
RC2-08	4	915	3	848	3	829	5	805	5	943	5	807	3	834

2．对比分析

从表 10-1 可知，在求解上述 12 个例题中，IACONI 得到的结果 100% 优于 ACO 得到的结果，92%优于或接近于 IACS-SA 得到的结果，83%优于或接近于 MACS-IH 得到的结果，75%优于或接近于 LGA 得到的结果，83% 优于或接近于 SATabu 得到的结果，67%优于或接近于 GA-PSO 得到的结果。

结果表明，在求解上述例题，特别是 R1-01、RC1-01 和 R2-06 时，和已有算法相比，IACONI 算法的优势较明显。因此，IACONI 算法求解 NP-hard 问题是非常有竞争力的。由于 IACONI 算法中的参数选择凭多次试验而定，没有理论依据，因此求出的解不是算法所能取得的最好解。将算法中各参数设置成最优，其最终解还有进一步改进的余地。

10.3.3　算例设计

1．算例设计

以大连某快餐分店为应用背景，设配送中心坐标为（0，0），从 17：00

这一时刻开始，为接到的 22 个客户订单提供快餐配送服务，客户信息如表 10-2 所示。已知配送车辆的行驶时速是 20km/h，成本为 1 元/km，客户的服务时间为 2min。根据上述条件，得出初始方案的配送路线如下：

路线 1 为 0→5→8→9→17→2→3→19→20→11→0；

路线 2 为 0→4→21→15→22→ 13→16→18→6→12→0；

路线 3 为 0→10→7→14→1→0，此时配送成本是 92.3 元。

2．实验结果

当配送车辆从客户 5 向客户 8 行驶的过程中，发生干扰事件，导致行驶时间延迟 10min，配送车辆再次出发的时刻为 17：25。

表 10-2　客户信息

客户	1	2	3	4	5	6	7	8	9	10	11
坐标 X /km	−6.6	−9.0	−5.7	2.4	−2.8	4.2	−3.3	−7.1	−8.1	−2.8	5.0
坐标 Y /km	4.7	−5.7	−3.3	−7.1	−0.5	2.4	5.7	0.9	−1.4	4.7	0.5
ET_i	17：30	17：30	17：30	17：00	17：00	18：30	17：00	17：00	17：00	17：00	18：30
LT_i	18：30	18：00	18：30	17：30	18：00	19：00	18：00	17：30	18：00	18：00	19：00
客户	12	13	14	15	16	17	18	19	20	21	22
坐标 X /km	2.3	7.8	−4.7	5.8	9.0	−9.5	6.9	−3.3	−0.9	4.8	3.3
坐标 Y /km	4.6	−2.4	5.2	−4.7	0.9	−0.9	3.3	−2.4	−3.3	−5.7	−3.2
ET_i	18：00	17：30	17：00	17：00	17：00	17：00	18：00	18：00	18：00	17：30	17：00
LT_i	19：00	18：30	17：30	18：00	18：30	18：00	19：00	19：00	19：00	18：00	18：00

基于该快餐分店的外卖消费数据，包括客户姓名、购买时间和消费金额等，进行客户终身价值的测算。在对相关数据进行处理后，使用 MATLAB 2014a 和 Excel Solver 分别计算出两个模型参数的极大似然估计值，其中 Pareto/NBD 模型的参数估计结果为：γ =1.40，α =19.38，s =0.30，β =0.67；Gamma-Gamma 模型的参数估计结果为：δ =36.85，u =14.37，v =9.24。由

于外卖订餐客户的流动性较高，每个客户与商家的关系长度难以预测，所以将客户关系长度定为一个月。将得到的参数代入到前文公式中，测算出 22 位客户的客户终身价值如表 10-3 所示。

表 10-3　客户终身价值

客户	1	2	3	4	5	6	7	8	9	10	11
CLV	44.0	114.8	20.0	47.5	114.8	206.9	108.2	37.3	64.4	139.3	33.4
客户	12	13	14	15	16	17	18	19	20	21	22
CLV	129.1	55.6	12.8	295.7	60.1	228.6	29.3	50.8	17.5	44.4	113.3

分别采用右移重调度、全局重调度和本章方法，对上述问题进行求解，结果如表 10-4 所示。

表 10-4　求解结果对比表

方法	配送成本/ 元	未配送客户	未配送客户的总终身价值
右移重调度	77.7	2、8、11	185.5
全局重调度	86.2	2、8	152.1
本章方法	89.8	8、9、20	119.2

（3）对比分析。通过对表 10-4 的求解结果进行分析，可以发现：

1）在配送成本方面，与右移重调度和全局重调度求得的结果相比，本章方法得到的配送成本偏高了一些，但是三者之间相差不是特别大。

2）在客户终身价值方面，右移重调度未完成配送的客户是 2、8 和 11，全局重调度未完成配送的客户是 2 和 8，本章方法未完成配送的客户 8、9 和 20，对于完成配送服务的客户总终身价值，本章方法求得的结果要明显优于右移重调度和全局重调度求得的结果。

综上所述，本章方法在考虑客户为企业当前（及潜在）贡献价值不同的情况下，虽然牺牲了一定的配送成本，但是实现了所服务客户的总终身价值更大。从短期来看，商家损失了部分成本，但从长期的战略角度看，有利于商家维系重要的客户，进而实现企业的可持续发展。因此，与其他两种重调度方法相比，本章方法实用性更强。

针对行驶时间延迟的物流配送干扰问题，基于客户终身价值的视角，在干扰管理模型与求解方法上进行了探索性的研究工作，具体体现在：

（1）针对干扰事件导致的行驶时间延迟，将客户终身价值考虑在内，构建了兼顾偏离成本和初始目标的物流配送干扰管理模型。模型以初始目标为基础，以偏离成本最小为优化手段，为解决干扰管理领域扰动度量这一关键问题提供了新思路，有效提高了行驶时间延迟下物流配送系统应对干扰的能力，有利于市场营销、干扰管理等学科领域的交叉和渗透。

（2）针对物流配送干扰管理的实时求解需求，在解空间缩减策略的基础上，将改进的蚁群算法与邻域交换法进行融合，提出效率较高的 IACONI 算法。算法以提高求解质量、加快求解速度为优化策略，为求解干扰管理模型这一 NP-hard 问题提供较为实用的定量分析工具，为寻找副作用最小的调整方案进行了有益探索。

考虑到快餐配送的典型性，本章选择其作为应用背景来验证干扰管理模型的适用性，如何将该模型进一步深化，进而应用到其他物流配送领域，使其实用性更强，是下一步研究的重点。

第 11 章　考虑新鲜度的农产品冷链物流配送受扰恢复模型

随着生活水平的提高，居民对农产品的新鲜度要求越来越高，而在农产品的流通中，冷链物流无疑是保证农产品新鲜度的重要环节。但是，作为冷链物流的关键部分，冷链配送过程具有高度的不确定性、动态性和连锁性等特点，容易受到众多干扰事件的影响，如车辆故障造成冷藏厢体难以密封、车辆制冷机组突然失灵、交通事故造成车辆受损等，使得事先制定好的计划受到影响，甚至导致冷链中断，此时将加剧农产品的腐损。近年来速冻食品“病菌门”、光明牛奶“酸败门”等事件频发，部分原因就在于冷链物流配送过程中干扰事件的处理不当所致。

因此，如何在冷链中断后进行科学处理尤为重要。由于冷链物流配送涉及居民的消费安全，除了考虑降低农产品这类易腐品的成本损失外，农产品的新鲜度也必须受到重视，此时农产品冷链物流配送问题变得更加复杂。如何处理导致冷链中断的干扰事件，已成为影响农产品冷链物流模式生存和发展的关键。

干扰管理是实时重调度的一种方法，这在某些情况下是非常必要的，因为很多干扰事件的发生都在意料之外，难以事先嵌入到制定初始方案的过程中。通过干扰管理，可以对初始方案进行局部的动态调整与优化，从而降低干扰带来的负面影响。因此，本章运用干扰管理思想，在考虑新鲜度的情况下，创建农产品冷链物流配送的受扰恢复模型并采用启发式算法进行求解，使受扰系统以最小扰动恢复正常运行。

11.1　研究评述

国内外相关研究主要涉及农产品冷链物流配送、物流配送干扰管理两个方面，总体看来，国内外学者对相关研究涉及的范围较广，并且已经取得了丰硕的研究成果，但是该领域仍然存在一些问题。首先在农产品冷链物流配送上，由于其冷链物流配送处于高度的不确定环境中，如何处理频繁发生的干扰事件是亟待解决的难题。其次在物流配送干扰管理研究上，现有研究侧重于对物力、财力的调整和优化，而忽略了居民的消费安全。为此，结合运筹学和干扰管理中的相关研究手段，在考虑新鲜度的情况下，创建受扰恢复模型及其求解方法，以期为农产品冷链物流配送的决策过程提供支持。

11.2 问题描述及模型构建

11.2.1 问题描述

对研究问题界定如下：冷链配送中心向多个客户配送农产品，配送产品类型单一，冷藏配送车辆类型相同，并满足以下条件：

（1）每辆冷藏车从配送中心出发，沿着行车路线把装载的产品配送到指定客户后，返回配送中心；

（2）客户所需产品由一辆冷藏车完成，且所有客户都得到服务；

（3）冷藏车所载的产品不能超过其装载能力；

（4）每个客户都有其接受服务的时间窗，即客户对产品到达时间的要求是在某个时间段上。

在满足这些条件后，要求合理安排配送路线，使得目标函数最优，即配送成本最低。

11.2.2 问题假设

（1）对客户进行服务时，冷藏箱体的温度变化忽略不计；

（2）冷藏配送车辆的平均行驶速度相同。

11.2.3　参数及变量说明

n：客户总数量；

V：客户点集合，$V=\{v_0, v_1, \ldots, v_n\}$，$v_0$代表配送中心，其他代表客户；

K：配送车辆总数；

δ：单位距离的配送成本（包括运输成本、制冷成本等）；

d_{ij}：v_i与v_j之间的距离；

C：配送车辆的固定成本。该费用为定值，不因配送距离的长短而发生改变，具体包括司机的出勤费用、养路费和车辆保养费用等；

q_i：客户 i 的需求量；

Q：配送车辆的装载能力；

t_i：配送车辆到达客户 i 的时刻；

w_i：配送车辆对客户 i 的服务时间；

s：配送车辆的平均行驶速度；

$[ET_i, LT_i]$：客户 i 的时间窗。其中，ET_i是客户要求到货时间段的始点，LT_i是客户要求到货时间段的终点；

$$x_{ijk}=\begin{cases}1, & \text{配送车辆}k\text{由}v_i\text{出发后开向}v_j\\0, & \text{其他}\end{cases}；$$

$$y_{ik}=\begin{cases}1, & v_i\text{的任务由配送车辆}k\text{完成}\\0, & \text{其他}\end{cases}。$$

11.2.4　数学模型

根据以上描述，建立物流配送初始方案的数学模型如下：

$$min\ f=\sum_{i=0}^{n}\sum_{j=0}^{n}\sum_{k=1}^{K}\delta d_{ij}x_{ijk}+C\sum_{j=1}^{n}\sum_{k=1}^{K}x_{0jk} \tag{11-1}$$

$$\sum_{i=1}^{n} q_i y_{ik} \leqslant Q, k=1,\cdots,K \tag{11-2}$$

$$\sum_{k=1}^{K} y_{0k} = K \tag{11-3}$$

$$\sum_{k=1}^{K} y_{ik} = 1, i=1,\cdots,n \tag{11-4}$$

$$\sum_{i=1}^{n} x_{i0k} = 1, k=1,\cdots,K \tag{11-5}$$

$$\sum_{i=0}^{n} x_{ijk} = y_{jk}, j=1,\cdots,n;\ k=1,\cdots,K \tag{11-6}$$

$$\sum_{j=0}^{n} x_{ijk} = y_{ik}, i=1,\cdots,n;\ k=1,\cdots,K \tag{11-7}$$

$$\sum_{k=1}^{K}\sum_{i=0}^{n} x_{ijk}(t_i + w_i + (d_{ij}/s)) = t_j, j=1,\cdots,n \tag{11-8}$$

$$ET_i \leqslant t_i + w_i \leq LT_i, i=1,\cdots,n \tag{11-9}$$

上述模型中，式（11-1）为目标函数，表示配送成本最低；式（11-2）为车辆装载的货物总量不大于车辆的装载能力；式（11-3）为每辆车都从配送中心出发；式（11-4）为每个客户只由一辆车配送并且所有客户都得到服务；式（11-5）为车辆对客户服务完毕后，返回配送中心；式（11-6）、式（11-7）和式（11-8）表示变量之间的关系；式（11-9）满足客户要求的时间窗。

11.3　农产品冷链物流配送的受扰恢复模型研究

当按照最优配送路线执行配送计划的过程中，如果发生干扰事件导致冷链中断，就需要构建受扰恢复模型，从而生成使系统扰动最小的调整方案。本章以最频繁发生的干扰事件——冷藏箱体无法正常工作为例，阐述受扰恢复模型的构建。

11.3.1　问题假设

（1）发生干扰事件的时刻，为制定调整方案的 0 时刻；

（2）客户不满意度与送货时间相关。

11.3.2　参数及变量说明

h：未完成配送任务的客户总数量；

m：初始方案中在途配送车辆的总数量；

V'：点集合，$V'=\{v_1, \cdots, v_{h+m+1}\}$，$v_1$，…，$v_h$ 代表未完成配送任务的客户；v_{h+1} 为受扰配送车辆所在位置；v_{h+2}，…，v_{h+m} 代表其他在途配送车辆所在的位置，即虚拟配送中心；v_{h+m+1} 为候备车辆所在的位置，即初始配送中心；

$\mu(t)$：农产品在 t 时刻的新鲜度；

T_0：农产品接近腐败时箱体内的临界温度；

T_n：冷藏车辆正常工作时箱体内的温度；

t_0：箱体内温度升高至 T_0 的时刻；

α：冷藏箱体无法正常工作时，箱体内每升高 1℃所经过的时间；

β：温度敏感因子，$\beta>0$；

$P_i(t_i)$：客户 i 对配送服务时间的惩罚函数；

$[ER_i, LR_i]$：客户能够容忍的到货时间段始点和终点。

其余参数及变量与前文相同。

11.3.3　虚拟客户点的设置

将受扰车辆假定为虚拟的客户点，以便其他车辆顺利进行救援。虚拟客户点可表示为：

（1）受扰车辆所在的位置。当冷藏箱体无法正常工作时，如果受扰车辆也无法继续行驶，则受扰车辆所在的位置即为虚拟的客户，救援车辆需要到达该处进行救援。

（2）受扰车辆与救援车辆的交会点。当冷藏箱体无法正常工作时，如果受扰车辆可以继续行驶，为了降低箱体内温度的变化，需要快速将受扰箱体中的农产品进行转移，可将救援车辆与受扰车辆中途的某一点设为交会点，两车同时赴该点进行动态交接，交会点设置规则如下：

1）分别以受扰车辆和各候选车辆所在位置为圆心，以（T_0-T_n）$*\alpha*s$ 为半径做圆，在保证产品不发生腐败的情况下，确定车辆的可达距离范围；

2）如果受扰车辆和候选车辆的可达距离范围有重叠，则候选车辆可以成为救援车辆；否则，不能成为救援车辆；

3）如果某一救援车辆的下一个服务客户 G 在重叠区域内，则 G 为虚拟客户点，如图 11-1-（a）所示；否则，在救援车辆的配送路线上，在重叠区域内，选择离客户 G 最近的点 G'为虚拟客户点，如图 11-1-（b）所示。

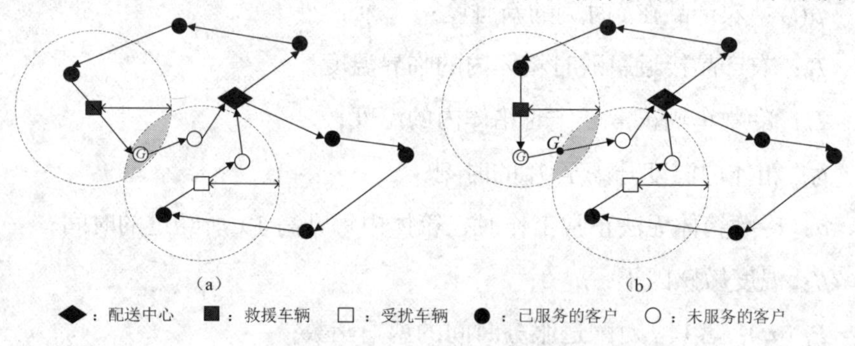

图 11-1　虚拟客户点的设置规则

11.3.4　扰动度量函数的构建

干扰管理的核心是扰动发生后，新的调整方案要考虑到原来的优化目标，同时又要把扰动带来的副作用最小化。因此，扰动度量函数包括两部分，即初始目标和偏离成本，而其中确定偏离成本无疑更为关键。

由于冷链物流配送主要涉及冷链物流配送运营商和客户两个行为主体，而冷链物流配送模型的初始目标大多考虑冷链物流配送运营商的利益，因此度量新旧方案的偏离成本主要基于客户来进行。从客户的角度来讲，在速冻食品“病菌门”、光明牛奶“酸败门”等事件发生后，冷链配送中食品安全问题越来越受到重视；另外，农产品是否在要求的时间范围内到达，也是客户关注的重要目标。因此，偏离成本从以下两方面来考虑：农产品的新鲜度和配送服务时间。

（1）农产品新鲜度的度量。农产品冷链配送中断后，将会导致食品安全问题，即当冷藏箱体无法正常工作时，如果继续配送，产品将发生腐坏。这些产品经过二次冷冻后销售时，实际上部分已经变质，它们是难以从正常产品中区分出来的。因此，需要将受扰箱体内产品的温度控制在合理的范围，从而保证产品具有足够的新鲜度，不发生腐坏。

当冷藏箱体无法正常工作时，农产品的新鲜度可分为两段来表示：

1）当 $0 \leqslant t \leqslant t_0$ 时，农产品未发生腐败，$\mu(t)=1$。由于 T_n 与 T_0 相差不大，为了简化问题，假设 T_n 降至 T_0 为线性变化，可知 $t_0=\alpha(T_0-T_n)$；

2）当 $t \geqslant t_0$ 时，通过实验发现：受扰箱体无法正常工作时，初始时箱体内温度变化较慢，农产品的新鲜度衰减也较慢，不容易观察；经过一段时间后，箱体内温度变化加快，新鲜度衰减也变快，容易观察；但到达一定的阈值后，箱体内温度变化不明显，新鲜度的衰减也变慢，甚至看不出明显的变化。因此，新鲜度函数应满足：是一个递减函数；有一个切点，使得穿过切点的切线两侧，分别是凸和凹的；取值范围为 $(0,1]$，且 $\mu(t_0)=1$。

本章将农产品的新鲜度刻画为 $\mu(t)=(1+\beta t_0^2)/(1+\beta t^2)$，能够满足上述条件，原因如下：

① 对 $\mu(t)$ 进行求导，$\dfrac{\mu(t)}{d(t)}=-\dfrac{2\beta t(1+\beta t_0^2)}{(1+\beta t^2)^2}<0$，表明 $\mu(t)$ 是一个递减函

数，即随着时间的推移，农产品的新鲜度逐渐降低；

② 对$\mu(t)$进行二阶求导，$\frac{\mu^2(t)}{d(t)^2}=\frac{(1+\beta t_0^2)\beta[6\beta t^2-2]}{(1+\beta t^2)^3}$，当$t_0 \leqslant t \leqslant \sqrt{1/3\beta}$时，$\frac{\mu^2(t)}{d(t)^2}\leqslant 0$；当$t \geqslant \sqrt{1/3\beta}$时，$\frac{\mu^2(t)}{d(t)^2}\geqslant 0$；因此，$(\sqrt{1/3\beta}, \mu(\sqrt{1/3\beta}))$为$\mu(t)$的拐点，拐点的左右两侧分别是凸和凹的；

③ $\mu(t)\in(0,1]$，且$\mu(t_0)=1$。

综上，鲜活农产品的新鲜度函数如式（11-10）所示，函数形状如图 11-2 所示。

$$\mu(t)=\begin{cases}1, & 0\leqslant t\leqslant t_0 \\ (1+\beta t_0^2)/(1+\beta t^2), & t\geqslant t_0\end{cases} \tag{11-10}$$

在配送产品类型单一的前提下，β与冷藏箱体的内外温差、密封程度等相关，需要在给定条件下，对实验数据统计分析进行确定。

（2）配送服务时间的度量。目前对配送服务时间的研究，主要从硬时间窗和软时间窗的角度来展开。但是，通过分析农产品的特性，并对冷链物流配送系统进行调查，发现客户往往同时要求满足硬时间窗和软时间窗，其惩罚函数如图 11-3 所示。

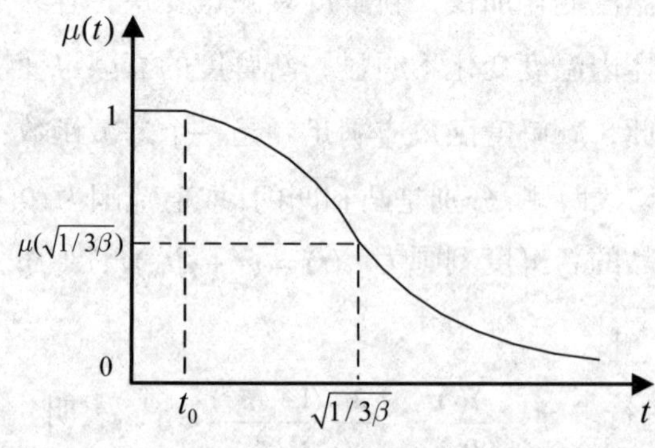

图 11-2　农产品新鲜度函数

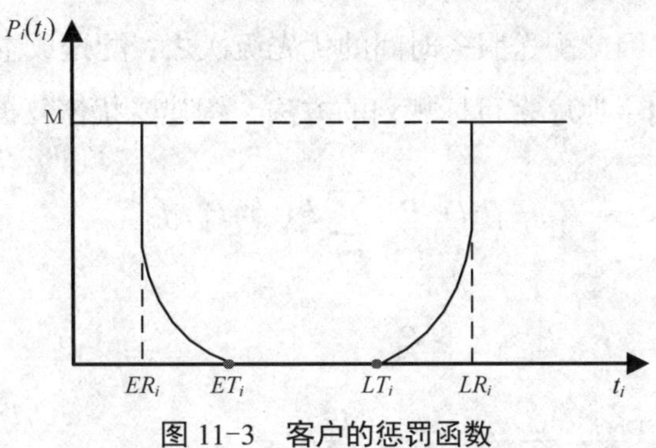

图 11-3　客户的惩罚函数

图 11-3 中，当 $ET_i \leqslant t_i \leqslant LT_i$ 时，$P_i(t_i)$ 等于 0；配送车辆在 $[ER_i, ET_i)$、$(LT_i, LR_i]$ 内到达则予以一定的惩罚，延迟（或提前）到达时间较短时，惩罚值较低，随着延迟（或提前）到达时间的增加，惩罚值增长加快；$t_i > LR_i$ 或 $t_i < ER_i$ 时，v_i 对货物不予接收。因此，将 $P_i(t_i)$ 表示为

$$P_i(t_i)=\begin{cases}M, & t_i < ER_i \\ a_i(ET_i - t_i)^{m_i}, & ER_i \leqslant t_i < ET_i \\ 0, & ET_i \leqslant t_i \leqslant LT_i \\ b_i(t_i - LT_i)^{n_i}, & LT_i < t_i \leqslant LR_i \\ M, & t_i > LR_i\end{cases} \tag{11-11}$$

式中，M 为一个较大的正数；a_i、b_i、m_i、n_i 为惩罚系数，$a_i > 0$、$b_i > 0$、$m_i > 1$、$n_i > 1$。

对于不同主体，上述参数也不同。可利用客户的历史交易数据，通过统计分析进行确定。

11.3.5　受扰恢复模型

受扰恢复模型中包括三个目标，即偏离成本中的农产品新鲜度和配送服务时间，以及初始目标中的配送成本。由于食品安全关系到群众切身利益，进而影响国家的经济发展与社会稳定，因此农产品新鲜度的优先级最高；客户是企业利润的源泉，在出现突发情况下，应最大限度地保证客户利益不受伤害，因此配送服务时间的优先级次之；配送成本的优先级最低。

综上，采用字典序多目标规划的方法，构建受扰恢复模型如下：

$$\min Lex = P_1 : -\mu(t) \ \ P_2 : \sum_{i=1}^{h} P_i(t_i) \ \ P_3 : f \tag{11-12}$$

$$P_1 > P_2 > P_3 \tag{11-13}$$

$$f = \sum_{i=1}^{h+m+1} \sum_{j=1}^{h+m+1} \sum_{k=1}^{m} \delta d_{ij} x_{ijk} + C \sum_{i=1}^{h+m+1} \sum_{k=1}^{m} x_{i(h+m+1)k} \tag{11-14}$$

$$t_i = 0 \, , i = (h+2), \cdots, (h+m+1) \tag{11-15}$$

$$\sum_{i=1}^{m} y_{(h+i+1)k} = 1 \, , k = 1, \cdots, m \tag{11-16}$$

$$\sum_{i=1}^{h+m+1} x_{i(h+m+1)k} = 1 \, , k = 1, \cdots, m \tag{11-17}$$

$$\sum_{i=1}^{h} q_i y_{ik} \leqslant Q \, , k = 1, \cdots, m \tag{11-18}$$

$$\sum_{i=0}^{h} x_{ijk} = y_{jk} \, , j = 1, \cdots, h; \ k = 1, \cdots, m \tag{11-19}$$

$$\sum_{j=0}^{h} x_{ijk} = y_{ik} \, , i = 1, \cdots, h; \ k = 1, \cdots, m \tag{11-20}$$

$$\sum_{i=1}^{h+m+1} \sum_{k=1}^{m} x_{ijk} [t_i + w_i + (d_{ij} / s)] = t_j \, , j = 1, \cdots, (h+1) \tag{11-21}$$

式（11-12）为目标函数，表示调整方案与初始方案的偏离最小，即系统的扰动程度最小；式（11-13）表示不同目标的优先级；式（11-14）表示调整方案的配送成本；式（11-15）表示扰动发生的时刻，为制定调整方案的初始时刻；式（11-16）表示每辆车都从虚拟的配送中心出发；式（11-17）表示车辆对客户服务完毕后，返回初始配送中心；式（11-18）为车辆装载的货物总量不大于车辆的装载能力；式（19）、式（11-20）和式（11-21）表示变量之间的关系。

11.4 受扰恢复模型的求解方法

车辆路径问题已被证明是 NP-hard 的，而受扰恢复模型以车辆路径问题为基础，求解起来将更加困难。另外，为了尽快恢复系统的正常运行，干扰事件的处理也具有很强的实时性。在这种背景下，由于蚁群算法具有正回馈、分布式计算以及贪婪的启发式搜索等特点，为有效地求解上述问题提供了可能。但是，该算法仍然存在着容易陷入局部优化、搜索速度较慢的缺陷。为此，在前期相关研究工作的基础上，进一步对将蚁群算法进行改进，并与邻域交换法进行融合，提出 IACONI（Improved Ant Colony Optimization with Neighborhood Interchange）算法，对模型进行求解。

11.4.1 IACONI 算法的基本原理

1. 目标节点选择策略

为了克服蚁群算法容易陷入局部优化、搜索速度较慢的缺陷，IACONI 算法提出一种确定性选择和随机选择相结合的策略。当蚂蚁从当前节点 i 出发时，按照式（11-22）选择下一个节点 j：

$$j=\begin{cases}\arg\max_{j\notin tabu_k}[\tau_{ij}(t)]^{\alpha}[\eta_{ij}(t)]^{\beta}[\mu_{ij}]^{\gamma}, & q\leqslant p_t \\ \text{随机选择}\quad j\notin tabu_k, & \text{其他}\end{cases} \tag{11-22}$$

式中，$tabu_k$（$k=1, 2, \dots, m$）为禁忌表，m 为蚂蚁总数量，记录蚂蚁 k 当前所走过的所有节点；τ_{ij} 和 η_{ij} 分别表示节点 i 和节点 j 之间的信息素浓度和能见度；μ_{ij}为吸收节约法而引入的节约量；α、β、γ为各变量的相对重要程度；q是一个随机数，$q \in [0, 1]$；p_t为进化过程中第t代的确定性选择概率。

对于p_t，在算法搜索前半段，采用$(\frac{p_{t\min}+p_{t\max}}{2}, p_{t\max})$内均匀分布的随机值；在算法搜索的后半段，采用$(p_{t\min}, \frac{p_{t\min}+p_{t\max}}{2})$内均匀分布的随机值。具体为

$$p_t=\begin{cases}\frac{1}{2}(ran*(p_{t\max}-p_{t\min})+(p_{t\min}+p_{t\max})) & ,t \leqslant \frac{I_{max}}{2} \\ \frac{1}{2}ran*(p_{t\max}-p_{t\min})+p_{t\min} & ,\frac{I_{max}}{2}<t \leqslant I_{max}\end{cases} \tag{11-23}$$

式中，ran为[0，1]内均匀分布的随机数；$p_{t\min}$和$p_{t\max}$为进化过程中p_t的最小值和最大值；I_{max}为算法的最大迭代次数。

通过上述调整，在算法搜索的前半段，具有较大的确定性选择机会，从而加快算法收敛到最优解的附近。同时，也有机会获得相对较小的p_t来保持种群的多样性，防止越过最优解；在算法搜索的后半段，即当进化方向已基本确定时，具有较大的随机选择概率，以利于对解空间更完全地搜索。同时，也有机会获得相对较大的p_t来提高搜索速度，尽快找到最优解。

2．解空间缩减策略

在对受扰车辆进行救援时，可供选择的候选车辆很多，包括配送中心的候备车辆和所有的在途车辆，但这些车辆并不是都能进行救援，如果对这些车辆的救援路线都进行计算，必然耗费较长的计算时间。为了提高搜索速度，提出解空间缩减策略，基于以下两个原则来选择候选车辆：

（1）容量原则。判断所有候选车辆，如果服务新的客户点，它们的载重量是否超出车辆的装载能力。如果超载，则放弃该候选车辆，并更新候选车辆集合。

（2）时间原则。在受扰恢复模型中，农产品新鲜度的优先级最高，即受扰箱体内温度升高至 T_0 之前，需要将农产品转移到救援车辆上，以防止农产品的腐败。对于候选车辆集合，判断其中车辆是否满足：

$$T_n + \frac{d_{op}}{(1+y)s\alpha} \leqslant T_0 \tag{11-24}$$

式中，d_{op} 为受扰车辆与候选车辆的距离；y 为 0-1 变量，当冷藏箱体无法正常工作时，如果受扰车辆可以继续行驶，则受扰车辆与救援车辆可以在途中动态交接，此时 y=1。

当式（11-24）无法得到满足时，则将该车辆删除，并更新候选车辆集合。

3．算法融合策略

IACONI 算法将改进的蚁群算法与邻域交换法进行融合，能够进一步防止搜索陷入局部优化，提高求解速度。邻域交换法采用邻域算子来实现，具体包括：

（1）随机交换。在初始解中随机选择两个交换节点 i 和 j（$i \neq j$），将它们的位置互换，形成一个新的解，其原理详如图 11-4 所示。

（2）随机交换子序列。该算子是对随机交换的扩展，通过在初始解中随机选择两段子序列，将它们的位置互换，形成一个新的解，其原理如图 11-5 所示。

（3）随机插入。随机选择编码 i 和插入位置 j，将 i 安排在编码位置 j 上，从而形成新的解，其原理如图 11-6 所示。

（4）随机插入子序列。该算子是对随机插入的扩展，通过随机选择一段子序列和插入位置 j，将子序列安排在编码位置 j 上，从而形成新的解，其原理如图 11-7 所示。

（5）反转子序列。通过在初始解中随机选择一段子序列，将其编码进行反转，从而形成新的解，其原理如图 11-8 所示。

（6）随机交换反转子序列。该算子是对随机交换子序列的扩展，通过在初始解中随机选择两段子序列，将他们的编码反转后对位置进行互换，形成一个新的解，其原理如图 11-9 所示。

（7）随机插入反转子序列。该算子是对随机插入子序列的扩展，通过随机选择一段子序列和插入位置 j，将子序列反转后安排在编码位置 j 上，从而形成新的解，其原理如图 11-10 所示。

（8）随机交换子序列及反转子序列。通过在初始解中随机选择两段子序列，将其中一段子序列反转后对位置进行互换，形成一个新的解，其原理如图 11-11 所示。

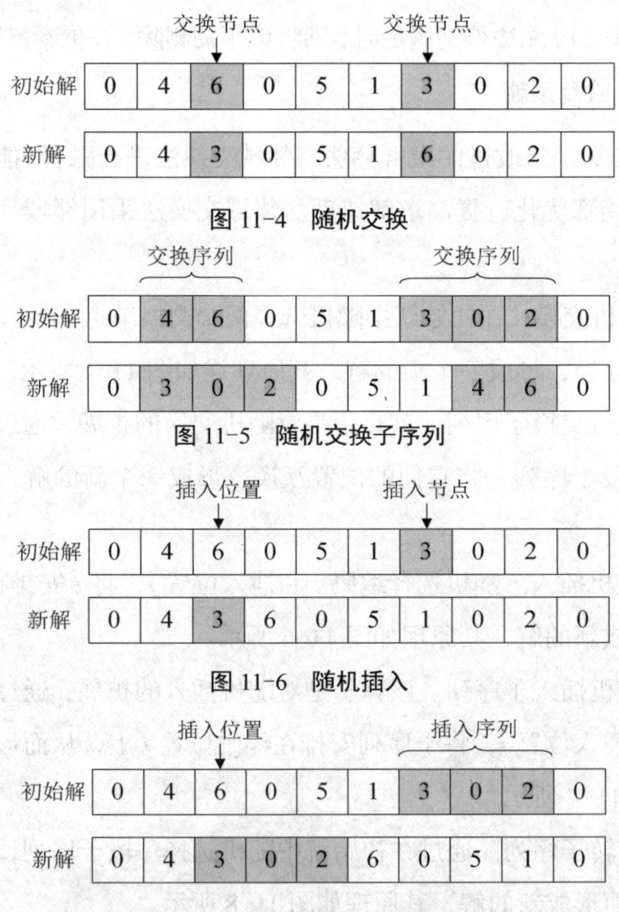

图 11-4　随机交换

图 11-5　随机交换子序列

图 11-6　随机插入

图 11-7　随机插入子序列

图 11-8　反转子序列

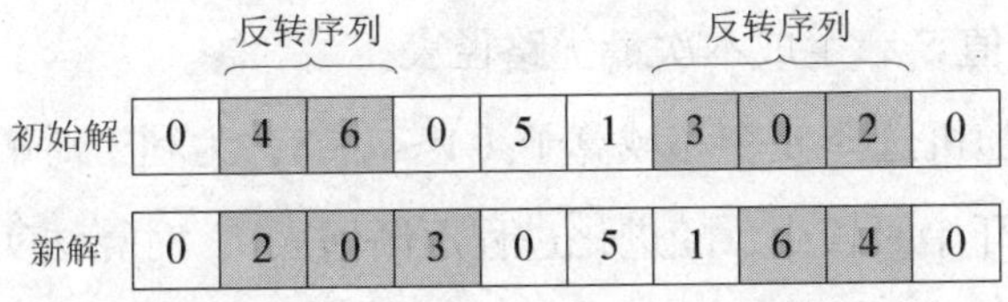

图 11-9　随机交换反转子序列

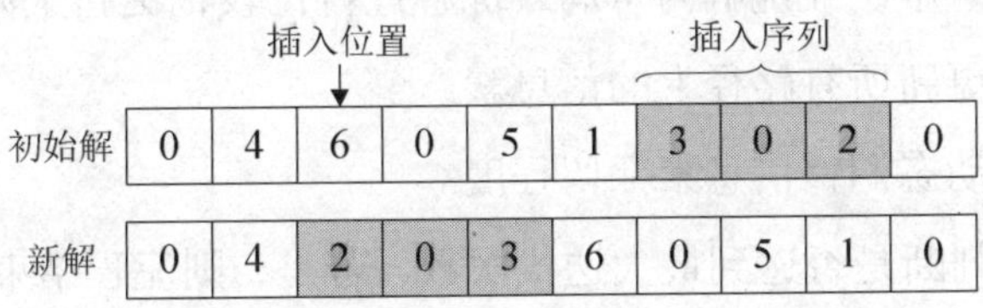

图 11-10　随机插入反转子序列

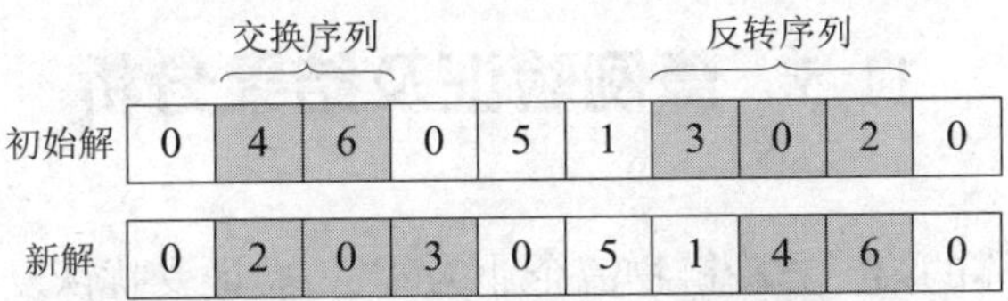

图 11-11　随机交换子序列及反转子序列

11.4.2　IACONI 算法的求解流程

受扰恢复模型的主要求解步骤如下：

步骤 1：初始化控制参数和信息素分布，读取客户资料。

步骤 2：根据解空间缩减策略，筛选候选车辆，更新配送车辆集合。

步骤 3：每次迭代运行三轮，每轮的优化目标分别是式（11-12）定义的三个目标，具体如下：第一轮迭代时，以服务客户时农产品新鲜度作为能见度，得到 P_1 目标的最优值 S_1，将该值作为约束条件加入到第二轮迭代中；第二轮迭代时，可行解必须满足 P_1 目标的值不小于 S_1，以服务客户时惩罚值的倒数作为能见度，得到 P_2 目标的最优值 S_2，将该值作为约束条件加入到第三轮迭代中；第三轮迭代时，可行解必须同时满足 P_1 目标的值不小于 S_1 并且 P_2 目标的值不大于 S_2，以两点距离的倒数作为能见度，得到 P_3 目标的最优值 S_3，生成本次最优路径表。

步骤 4：随机选择 n 个邻域算子（$1 \leqslant n \leqslant 8$；为利于对解空间进行更完全地搜索，$n$ 开始时较小，随进化过程逐渐增大），对算法实施领域交换，计算目标函数值，更新本次最优路径表。

步骤 5：对本次最优解与全局最优解进行比较，更新全局最优路径表。

步骤 6：更新所有路径上的信息素。

步骤 7：动态调整信息素保留程度。

步骤 8：判断是否达到最大迭代次数，若是，则流程结束；否则，跳回步骤 3，重复进行上述步骤。

11.5 算例验证及结果分析

本节以具体的第三方冷链物流企业为背景，验证受扰恢复模型的有效性。

11.5.1 算例设计

大连市某第三方冷链物流企业，具有三个容量为 200t 的配送中心，主要提供奶制品、冷鲜肉、水产品等冷藏类食品的仓储和配送服务。在安排某次配送任务前，共接收 23 个关于奶制品的客户订单，这类产品存储在某一个配送中心内，因此只能由该中心进行配送。客户的具体信息见表 11-1（客户 0 为配送中心）。为了研究的方便，将两个客户点间的实际距离用两者间的几何距离来代替，车辆交会时农产品的转移时间忽略不计。配送过程中外界温度在 12℃至 18℃之间变化，配送车辆对客户的服务时间为 10min，其他主要参数设置如下：s=30km/h、δ=1rmb/km、C=50rmb、Q=3t、α=10min、T_0=0℃、T_n=−3℃、β=0.15、M=10、a_i=b_i=1、m_i=n_i=2。

表 11-1 客户信息

客户	0	1	2	3	4	5	6	7	8	9	10	11
X 坐标（km）	25	36	32	41	30	35	5	23	30	40	44	11
Y 坐标（km）	25	24	32	30	26	37	27	32	16	18	22	15
ET_i（h）	–	1.5	1.0	0.5	1.5	0.5	1.0	2.5	1.5	0.5	0.5	1.0
LT_i（h）	–	3.5	3.5	2.0	4.0	1.5	2.5	4.5	4.5	2.0	3.5	3.0
ER_i（h）	–	0.5	0.5	0	0	0	0.5	1.5	1.0	0	0	0
LR_i（h）	–	4.0	5.0	3.0	5.5	3.0	4.0	5.0	5.0	3.0	4.0	4.5
q_i（t）	–	0.3	0.3	0.3	0.3	0.6	0.3	0.2	0.4	0.2	0.1	0.2
客户	12	13	14	15	16	17	18	19	20	21	22	23
X 坐标（km）	10	13	18	30	19	34	8	15	18	21	4	6
Y 坐标（km）	23	32	30	40	15	20	28	16	13	26	34	37
ET_i（h）	1.0	1.5	2.5	0.5	0	1.5	0	0	0.5	1.0	1.0	1.5
LT_i（h）	2.5	4.0	4.5	1.5	2.0	3.5	1.0	1.5	2.5	4.0	3.0	3.5
ER_i（h）	0	0	1.0	0	0	1.0	0	0	0	0	0.5	1.0
LR_i（h）	3.0	5.5	5.5	3.0	3.5	4.0	2.5	3.0	4.0	5.5	4.5	4.5
q_i（t）	0.4	0.2	0.2	0.6	0.4	0.2	0.9	0.4	0.3	0.3	0.2	0.1

根据上述条件，得出各车辆的配送路线如下。

车辆 1：0→15→5→3→9→10→1→17→8→0；

车辆 2：0→19→16→20→11→12→6→22→23→13→14→7→0；

车辆 3：0→18→21→2→4→0。

此时总配送成本为 360rmb，目标函数最优。

11.5.2 实验结果

当配送进行了 77min 时，车辆 3 的冷藏箱体无法正常工作，所在位置 H 的坐标为（14.5，27），采用如下两种情况来评价受扰恢复模型：

情况 1：受扰车辆可以继续行驶，配送中心没有救援车辆；

情况 2：受扰车辆无法继续行驶，配送中心有救援车辆。

分别采用本章方法与重调度方法进行求解，结果如表 11-2 所示。

表 11-2 实验结果

	方法	配送路线	受扰箱体内农产品新鲜度	配送服务时间总惩罚值	配送总成本（rmb）
情况1	本章方法	车辆 1：3→9→10→1→17→8→0 车辆 2： 11→*n*'→12→6→22→23→13→14→7→2→4→21→0 车辆 3：H→*n*'	1	3.73	289
情况1	重调度方法	车辆 1：3→9→10→1→17→8→0 车辆 2： 11→12→6→22→23→13→H→14→21→7→2→4→0' 车辆 3：H	0.56	12.05	283
情况2	本章方法	车辆 1：3→9→10→1→17→8→0 车辆 2：11→12→6→22→23→13→14→7→0 车辆 3：H 救援车辆：0 →H→21→2→4→0	1	0	326
情况2	重调度方法	车辆 1：3→9→10→1→17→8→0 车辆 2： 11→12→6→22→23→13→H→14→21→7→2→4→0 车辆 3：H	0.56	12.05	283

注：*n*'为虚拟客户点

11.5.3 对比分析

（1）从受扰箱体内农产品新鲜度来看，无论是情况 1 还是情况 2，本章方法在救援时受扰箱体内农产品都保持足够的新鲜度，而重调度方法都将导致部分农产品的腐坏，这说明受扰恢复模型在确保消费安全的作用上比较明显；

（2）从客户的配送服务时间来看，无论情况 1 还是情况 2，本章方法得到的结果都优于重调度方法得到的结果，特别是对于情况 2，本章方法得到的配送服务时间总惩罚值优势非常明显，这说明受扰恢复模型在降低客户不满意度的效果非常显著；

（3）从物流配送运营商的扰动来看，无论情况 1 还是情况 2，本章方法得到的配送成本都有一定程度的上升，特别是对于情况 2，由于使用了配送中心的救援车辆，导致配送成本上升较明显，对冷链物流配送运营商的影响较大。

综上所述，本章方法虽然牺牲一定的配送成本，但是能够在一定程度上处理冷链物流配送过程中产生的食品安全问题，还换来客户不满意度的降低。因此，与重调度方法相比，本章方法得到的结果更为科学和实用。另外，虽然从短期看，冷链物流配送运营商损失了一定成本，但从长期的战略角度看，能够保证居民消费安全和运营商可持续发展，这有利于扩大企业的影响力，进而吸引更多的新客户。

本章针对受干扰事件影响的农产品冷链物流配送问题，进行探索性的研究工作，具体如下：

（1）将农产品的新鲜度考虑在内，构建兼顾偏离成本和初始目标的农产品冷链物流配送受扰恢复模型，能够在一定程度上处理冷链中断导致的食品安全问题，有效提高了干扰事件影响下农产品冷链物流配送系统应对干扰的能力；

（2）在解空间缩减策略的基础上，将改进的蚁群算法与邻域交换法进行融合，提出求解多目标优化模型的 IACONI 算法，为求解受扰恢复模型这一 NP-hard 问题提供了新的工具，为寻求更为科学实用的多目标优化问题的求解方法进行了有益探索。

第 12 章　物流配送干扰管理模型的求解方法

为了能够求得扰动最小的调整方案，对物流配送干扰管理模型的求解方法进行研究。

12.1　干扰管理模型的复杂性分析及其求解思路

12.1.1　干扰管理模型的复杂性分析

物流配送干扰管理模型是一个多目标的 NP-hard 问题，因此其复杂性主要体现在以下两个方面。

1．物流配送干扰管理模型是多目标的

多目标优化问题最早出现于 1772 年，当时 Franklin 就提出了如何处理多个目标相互矛盾的问题。但国际上一般认为多目标优化问题最早是由法国的经济学家 Pareto 在 1896 年提出的。当时他从政治经济学的角度，把很多不好比较的目标归纳成多目标优化问题。1968 年，Johnsen 系统地提出了关于多目标决策模型的研究报告，这是多目标优化这门学科开始发展的一个转折点。多目标优化问题从 Pareto 正式提出到 Johnsen 的系统总结，前后经历了六七十年的时间。20 世纪 70 年代以后，多目标优化问题得到了真正的发展。到现在为止，多目标优化不仅在理论上取得很多重要成果，而且在应用领域上也显示出越来越强大的生命力。

在多目标优化问题中，各个目标之间往往相互冲突，即某个目标性能的改善可能导致另一个或者另几个目标性能的降低，从而导致求解过程过于复杂。由于对单目标优化问题的研究较早，其理论与方法相对比较成熟，因此，传统的多目标优化方法是把复杂的多目标优化问题转化为单目标优化问题加以求解，常用的方法主要有以下几种：

（1）字典排序法。在该方法中，决策者根据先验知识，首先按照各个目标的重要程度对目标进行排序，然后根据排序结果，从最重要的目标开始优化，向下递推。

（2）约束法。该方法将多个目标中的一个目标（决策者认为是最重要的或者最偏好的）当作转化后问题的目标函数，而将其他目标当作转化后问题的约束条件。转化后单目标优化问题的最优解，即为初始多目标优化问题的最优解。

（3）线性加权法。在该方法中，决策者通过对每个目标设定不同的权重因子，将多个目标进行线性组合，从而把多目标问题转化为单目标问题进行优化。

此外，求解多目标优化问题的方法还有 Pareto 优化法。该方法考虑所有的优化目标，通过进化算法，尽可能多地寻找到问题的 Pareto 最优解。

上述方法中，字典排序法通过将求解多目标优化问题转化为依次求解多个单目标的优化问题，虽然能够得到问题的解，但是由于多目标优化问题中多个目标之间的冲突，即某一个目标得到优化的同时，将导致其他一个或者几个目标值变差，因此这种方法难以兼顾多个目标的利益，仅仅将某个或某几个目标达到最优的解，未必是实际问题的可行解。此外，在很多场合下，决策者难以对多个目标进行精确的排序。约束法和线性加权法都是将求解多目标优化问题转化为求解单一目标的优化问题。约束法简单易行，但是在实际应用中，目标函数的转化往往需要很多先验知识，而这些先验知识是未知的。另外，决策者往往难以确定哪一个目标是最重要的（或者最偏好的）。线性加权法虽然可以同时对多个目标进行优化，但是决策者难以科学地确定各个目标的权重因子。Pareto 优化法虽然能够得到问题的有效解集，但是由于解集中元素的个数与节点的数量呈指数级关系，决策者难以从数量庞大的解集中找到最满意的解。

综上，由于多目标优化问题中各目标之间往往是相互矛盾的，因此，现有方法难以有效地对多个目标同时进行优化。在这种情况下，有必要提出一种新的多目标优化方法，通过在各个目标之间加以协调和均衡，从而兼顾多个目标的利益，形成多个目标都满意的解，使多目标问题达到整体最优。

2. 物流配送干扰管理模型是NP-hard的

由于物流配送干扰管理模型是一个多阶段的复杂数学模型，随着客户点数量的增加，问题求解的状态空间也急速膨胀，因此，该模型是NP-hard的。NP-hard问题的概念为：P类问题指具有多项式时间求解算法的问题类，即多项式算法所能解决的判定问题类。目前为止，依然还有许多优化问题没有找到求最优解的多项式时间算法，通常称这种比P类问题更广泛的问题为非确定性多项式（Nondeterministic Polynomial）问题，即NP问题。对于一个NP问题，并不要求问题的每个实例都能用某个算法在多项式的时间内得到回答，只要求，如果 x 是问题的答案为“是”的实例，则存在对 x 的一个简短（即其以 x 长度的多项式为界）证明，使得能在多项式时间内检验这个证明的真实性。显然，P类问题包含于NP类问题。NP-C类问题指的是NP完全问题。它是NP问题中难度最大的问题，具有下述性质：①任何一个NP-C问题都不能用任何已知的多项式时间算法求解；②若任何一个NP-C问题有多项式时间算法，则一切NP-C问题都有多项式时间算法。为了证明一个问题是NP-C问题，必须证明两个方面：①该问题是NP的；②所有其他NP问题可多项式变换到该问题。目前已被证明的NP-C问题有上千个，如集装箱问题、旅行商问题、背包问题等，但没有找到任一问题的多项式算法。因此，计算科学家们大都认为NP-C问题不存在有效的多项式时间算法，但是未能证明。若所有的 NP 类问题都可以多项式转化为判定问题 A，则称 A 为 NP-hard 问题。

由于物流配送问题实时性很强，如何快速有效地处理干扰事件，获得扰动小、恢复快的应对扰动方案，是物流配送干扰管理的关键环节。在这种背景下，启发式算法成为研究并解决上述问题最有效的一种途径，如遗传算法、禁忌搜索算法以及模拟退火算法等。但是通过分析我们不难发现：遗传算法存在着早熟和收敛慢；禁忌搜索全局性差；模拟退火搜索速度慢等。因此，有必要提出一种性能更优的高效启发式算法。

12.1.2　求解思路

由于在多维空间中进行矢量和的计算时，需要同时考虑多个矢量的大小及其方向，而不是重点考虑某一个或几个矢量，在这种情况下得到的矢量和的极值，能够综合协调各个矢量，实现矢量整体效能的最大化。因此，本章借鉴上述思想，提出基于空间矢量的多目标优化方法，通过将多个目标转化为多维空间中的多个矢量，并设定相应的偏好区间，使决策者能够兼顾多个目标的利益，形成使多个目标都满意的解。

另外，由于上述问题是 NP-hard 的，求解起来非常困难。而物流配送问题实时性很强，需要快速有效地处理干扰事件，获得扰动最小的调整方案。在这种背景下，由于蚁群算法具有正反馈、分布式计算以及贪婪的启发式搜索等主要特点，正反馈过程使得该算法能够发现较好解；分布式计算使得该算法更快得到较好解；与启发式算法相结合，使得该算法易于发现较好解，这些特点为有效地求解上述问题的条件相吻合。但是，由于目前该算法仍然存在着一定的缺陷，因此提出改进的蚁群算法——混合蚁群算法，对上述问题进行求解。

在基于空间矢量的多目标优化方法与混合蚁群算法的基础上，将两者进行有机结合，提出了干扰管理模型的求解方法，从而能够快速有效地生成使扰动最小的调整方案。

干扰管理模型的求解思路如图 12–1 所示。

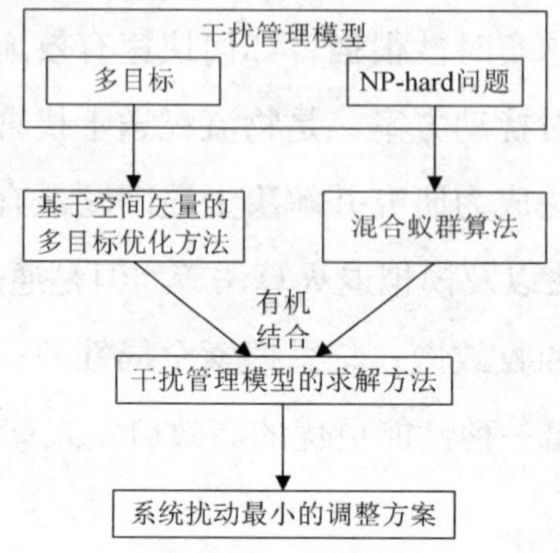

图 12–1　干扰管理模型的求解思路

12.2　基于空间矢量的多目标优化方法

12.2.1　基本原理

由于在多维空间中计算矢量和时，需要综合考虑所有矢量的大小及方向，而不是重点考虑某一个或几个矢量，在这种情况下得到的矢量和能够综合协调各个矢量，矢量和的极值能够实现矢量整体效能的最大化。

本章借鉴上述思想，提出基于空间矢量的多目标优化方法，其基本原理如下：以有效地兼顾多方利益为目标，在多维空间内，根据矢量的特点及矢量和的运算法则，把多个目标转化为方向不同的多个矢量，并在决策者的偏好区间内搜索矢量和的极小值，从而快速有效地得到多个目标都满意的解。

12.2.2　处理流程

根据 12.2.1 节的基本原理，对基于空间矢量的多目标优化方法进行模块化表示，如图 12–2 所示。其中：转化模块将多目标优化问题中的各个目标分别转化为多维空间中的各个矢量，目标值的大小与对应矢量的大小相同。由于在多目标优化问题中，各目标之间关系不同，可能相互矛盾，也可能相互一致，因此，各矢量的方向不同；生成模块中，由于决策者对各个目标的偏好不同，因此首先确定决策者对各个目标的偏好区间，偏好区间的交集形成决策者的偏好区域。从而根据转化模块提供的各个矢量，在偏好区域内计算矢量和，并保存极小值；输出模块中，根据生成模块提供的矢量和的极小值，决策者评价该值对应的多目标优化问题的解是否满意，若是，则输出问题的解，否则返回生成模块，重新计算。

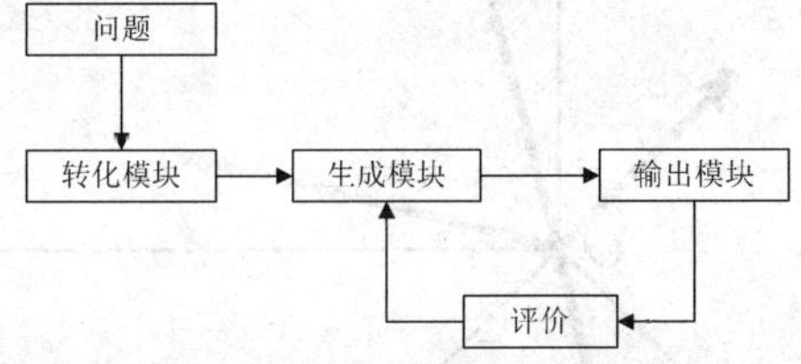

图 12-2　基于空间矢量的多目标优化方法的模块化表示

为了研究模块之间的连接和交互关系，使模块间更好地进行协调合作，本节设计了多目标优化方法的处理流程，如图 12-3 所示。

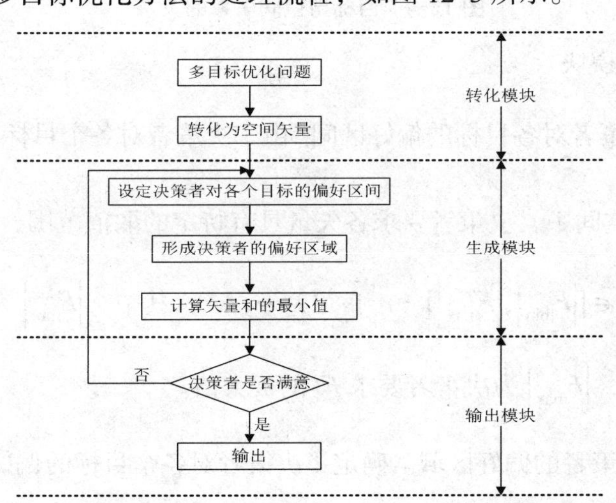

图 12-3　基于空间矢量的多目标优化方法的处理流程

1. 转化模块

将 n 个目标分别转化为 n 维空间中 n 个方向不同的矢量 F^i（i=1, 2, ⋯, n），各目标值的大小与相应矢量的大小相同。由于各目标之间关系不同，可能相互矛盾，也可能相互一致，因此，各矢量的方向不同。为计算方便，不妨设各矢量的起点为原点，如图 12-4 所示。

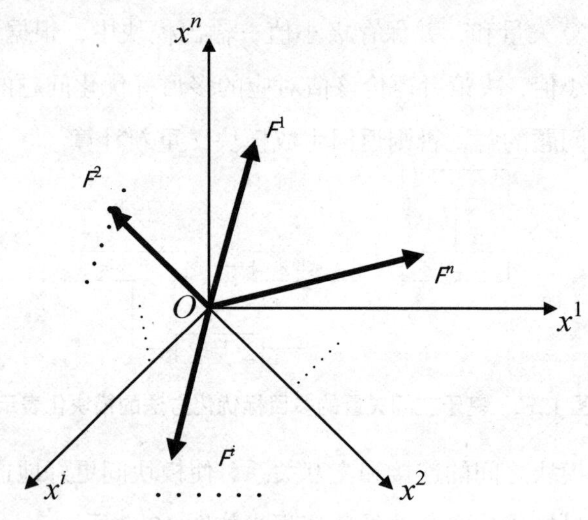

图 12-4　目标与空间矢量的关系

2. 生成模块

（1）决策者对各目标的偏好区间。由于决策者对各个目标的偏好不同，因此在 n 维空间中，决策者要求各矢量具有特定的取值范围，即矢量 F^i 应满足：$\forall \left|F^i\right| \in [\left|F^i_{\min}\right|, \left|F^i_{\max}\right|]$（$i$=1，2，⋯，$n$）。其中，$\left|F^i_{\min}\right|$ 为决策者要求 F^i 的极小值，$\left|F^i_{\max}\right|$ 为决策者要求 F^i 的极大值。

（2）决策者的偏好区域。确定了决策者对各个目标的偏好区间后，偏好区间的交集，即矢量取值范围的交集，便构成了决策者的偏好区域，如图 12-5 的阴影范围所示。

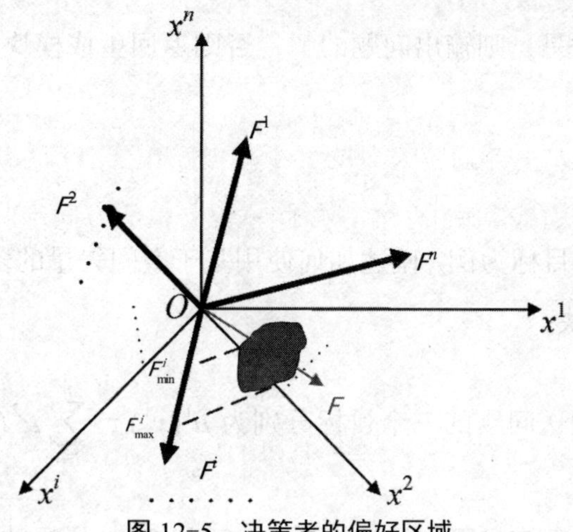

图 12-5　决策者的偏好区域

（3）矢量和的计算。假设矢量 F^i 的终点坐标为 $(f_1^i, f_2^i, \cdots, f_j^i, \cdots, f_n^i)$，根据矢量之间的运算法则，矢量和的坐标为 $(\sum_{i=1}^{n} f_1^i, \sum_{i=1}^{n} f_2^i, \cdots, \sum_{i=1}^{n} f_j^i, \cdots, \sum_{i=1}^{n} f_n^i)$。因此，矢量和的大小，即矢量和的模为

$$\begin{aligned}|F| &= \left|F^1 + F^2 + \cdots + F^j + \cdots + F^n\right| \\ &= \sqrt{(\sum_{i=1}^{n} f_1^i)^2 + (\sum_{i=1}^{n} f_2^i)^2 + \cdots + (\sum_{i=1}^{n} f_j^i)^2 + \cdots + (\sum_{i=1}^{n} f_n^i)^2}\end{aligned} \tag{12-1}$$

图 12-5 中，由于在偏好区域内，矢量和能够综合协调各个矢量，矢量和的极小值能够实现矢量整体效能的最大化。因此，矢量和的最小值所对应的多目标优化问题的解，能够有效地兼顾多个目标的利益，使多个目标同时得到优化。在这种情况下，多目标优化问题的目标函数将转化为

$$\min|F| = \min\sqrt{(\sum_{i=1}^{n} f_1^i)^2 + (\sum_{i=1}^{n} f_2^i)^2 + \cdots + (\sum_{i=1}^{n} f_j^i)^2 + \cdots + (\sum_{i=1}^{n} f_n^i)^2} \tag{12-2}$$

3．输出模块

该模块中，根据生成模块得到的多目标优化问题的解，决策者评价该

解是否满意，若是，则输出问题的解；否则返回生成模块，重新设定偏好区间并计算。

12.2.3 算例

本节以三个目标为例，阐述如何使用基于空间矢量的多目标优化方法。

1．转化模块

假设物流配送问题的三个目标分别为$\mu^1(y^1)$、$\sum_{i=1}^{n}\mu_i^2(y^2)$和$\mu^3(y^3)$，将它们分别转化三维空间中的矢量$F^1$、$F^2$和$F^3$，目标的大小与矢量的大小相同。由于三个目标相互独立，因此，将F^1、F^2和F^3表示为相互垂直的三个矢量，不妨设F^1、F^2和F^3分别在三个坐标轴上，如图 12-6 所示。

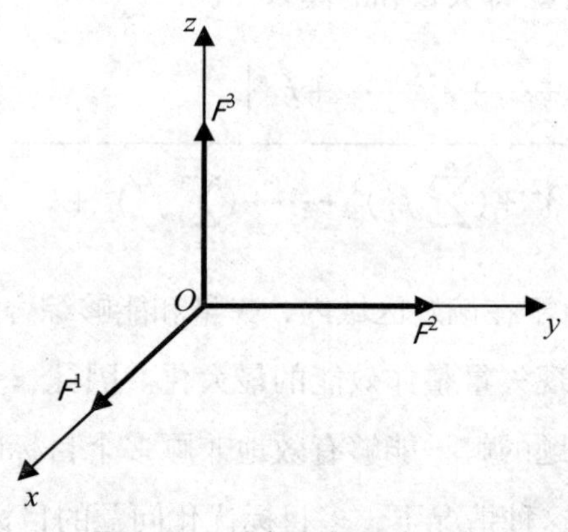

图 12-6　空间矢量的表示

2．生成模块

确定 3 个目标的偏好区间后，可得到各矢量的取值范围，取值范围的交集构成了决策者的偏好区域。

在偏好区域内，计算矢量和的大小，即：

$$\left|F\right| = \left|F^1 + F^2 + F^3\right| = \sqrt{(\sum_{i=1}^{3} f_1^i)^2 + (\sum_{i=1}^{3} f_2^i)^2 + (\sum_{i=1}^{3} f_3^i)^2} \qquad (12\text{-}3)$$

此时多目标优化问题的目标函数为

$$\min\left|F\right| = \min\sqrt{(\sum_{i=1}^{3} f_1^i)^2 + (\sum_{i=1}^{3} f_2^i)^2 + (\sum_{i=1}^{3} f_3^i)^2} \qquad (12\text{-}4)$$

3．输出模块

决策者评价得到的解是否满意，若是，则输出问题的解；否则返回生成模块，重新计算。

12.3　干扰管理模型的求解方法

12.3.1　基本框架的构建

由于干扰管理模型是 NP-hard 的，因此在基于空间矢量的多目标优化方法中，计算矢量和的极值问题也是 NP-hard 的。本节首先提出蚁群算法的改进算法——混合蚁群算法，对矢量和的极小值进行计算，从而对基于空间矢量的多目标优化方法与混合蚁群算法进行有机结合，提出了物流配送干扰管理模型的求解方法，其基本框架如图 12-7 所示。

在干扰管理模型的求解方法中，首先利用基于空间矢量的多目标优化方法，将多目标优化问题的目标转化为多维空间中的矢量，并通过设定决策者对各个目标的偏好区间，形成决策者的偏好区域；其次，采用混合蚁群算法，在偏好区域内对矢量和进行计算，并将矢量和的极小值反馈给决策者；最后，决策者评价上述极小值所对应的多目标优化问题的解是否满意，若是，则输出该解，否则，重新设定决策者对各个目标的偏好区间，重复进行上述步骤。

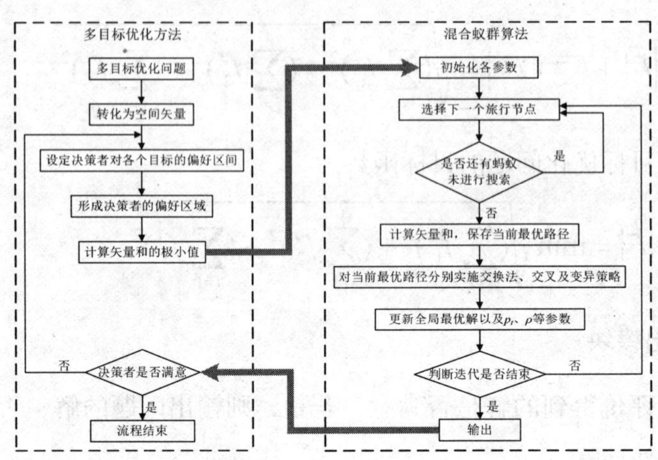

图 12-7 求解方法的基本框架

12.3.2 混合蚁群算法的研究

由于物流配送干扰管理模型是 NP-hard 的，求解起来非常困难。而物流配送问题实时性很强，需要快速有效地处理干扰事件，获得扰动最小的调整方案。在这种背景下，由于蚁群算法具有正反馈、分布式计算以及贪婪的启发式搜索等主要特点，正反馈过程使得该算法能够发现较好解；分布式计算使得该算法更快得到较好解；与启发式算法相结合，使得该算法易于发现较好解，这些特点为有效地求解上述问题提供了可能。但是，由于目前该算法仍然存在着容易陷入局部优化、搜索速度较慢等问题，为克服上述缺陷，提出改进的蚁群算法——混合蚁群算法（Hybrid Ant Colony Optimization，HACO），对上述问题进行研究。算法的基本原理如下。

1．信息素调整策略

（1）在蚁群算法中，蚁群运动的路径总是趋近于信息量最强的路径，但是蚁群在所经过路径上留下的信息量不一定能反映出最优路径的方向，而且可能使离最优解相差很远的路径上的信息得到不应有的增强，从而阻碍以后的蚂蚁发现更好的全局最优解。算法虽然通过引进比例参数，加大目标的选择概率，但是这种信息正反馈使得搜索过早出现停滞的现象仍然没有得到改善。

为了提高蚁群算法的全局搜索能力，采用一种确定性选择和随机性选择相结合的策略，当进化方向基本确定时，对路径上的信息量进行动态调整，缩小最好和最差路径上信息量的差距，并适当加大随机选择的概率，以利于对解空间更完全地搜索。

（2）由于信息素的更新作用，每条边的信息量可能在某次搜索后出现极大值或极小值的现象，极大值将使搜索早熟，极小值则不利于全局搜索，因此吸收了最值蚂蚁算法的思想，将信息素水平限制在$[\tau_{\min},\tau_{\max}]$之间，同时在开始搜索前，将所有边的信息素水平设为最大值，从而使蚂蚁在搜索初期具有更大的搜索范围。另外，还吸收了信息素平滑思想，即当信息素水平相差很大，搜索进入停滞状态时，将各边信息素水平与信息素的最大值进行加权平均。平均后，各边的信息素差异相对减少，有利于产生新的搜索路线。

（3）当问题规模较大时，由于信息素挥发系数 $1-\rho$ 的存在，那些从未被搜索到的边信息量会逐渐减小到接近于 0，降低了算法的全局搜索能力，而且当 $1-\rho$ 过小时，边的信息量增大会使以前搜索过的解被选择的可能性增大，影响到算法的全局搜索能力；增大 $1-\rho$ 虽然可以提高算法的全局搜索能力，但又会使算法的搜索速度降低。本章采用自适应改变 ρ 的值以解决上述问题。

2．最优个体交叉及变异策略

蚁群算法是一种正反馈的启发式搜索算法，算法在具有较快搜索速度的同时，也容易陷入局部优化。由于遗传算法的交叉操作和变异操作，可增加种群的多样性，防止算法早熟。因此，当收敛到一定代数、倾向于局部最优时，引入最优个体交叉及变异策略，可有效扩大搜索空间，避免算法陷入局部最优解。

（1）交叉策略。当搜索陷入停滞时，将最优个体和次优个体的编码进行交叉操作，假设两组编码分别为 A_1 和 A_2，交叉规则如下：

1）随机生成交叉段的长度和交叉段起始位置。假设 A1：B1|B2|B3，A2：C1|C2|C3，B2 和 C2 分别为 A1 和 A2 的交叉段；

2）将 C2 插入到 A1 中，位于 B2 前面，这样形成新的编码 A3：B1|C2|B2|B3；

3）在 A3 中，删除 B1、B2、B3 中与 C2 重复的编码，从而形成新的交叉编码 A3；

4）同样的方法用在 A2 上，生成新的编码 A4；

5）比较 A1、A2、A3、A4 的结果，选出最优编码。

（2）变异策略。当算法倾向于局部收敛时，对最优个体进行变异，即在这个局部最优路径上取任意一段或几段，让信息素大幅度减少，甚至减为最小值。于是下次不得不跳出此路径，而去寻找另外可能的更好路径，实验表明变异有助于摆脱局部最优值。从实验数据看，对于规模较大的问题，在引入变异后可明显看到求解结果出现震荡，然后向更好解的方向变化。

3．目标节点选择策略

在一个较复杂的、有若干个节点的地图上，在一条遍历所有城市的最短路径中，节点 i 在选择下一个节点 j 时，j 不可能是离 i 较远的那些节点。而在蚁群算法中，当蚂蚁选择下一个节点时，需要计算所有未走过节点的转移概率，耗费较长的计算时间。

根据上述分析，蚂蚁对下一个节点的选择范围仅局限于离当前节点较近的部分节点，只对这些节点计算转移概率即可，这样可以大幅度提高算法的搜索速度，因此引入目标节点选择策略。其原理为分别以 n 个节点为起点，根据该节点与其他 n-1 个节点的距离，建立 n 个距离由短到长的排序表，选择其中前 d 个建立该节点的候选节点列表，蚂蚁对下一个节点的选择只在候选节点列表中产生。

对于候选节点的数量，Bullnheimer 等设置为客户总数的 1/4，如图 12–8 所示，当物流配送中心对 30 个客户进行配送时，候选节点的数量为 7。但是，对于客户点较多的物流配送问题，候选节点过多，将导致算法收敛的速度过慢。

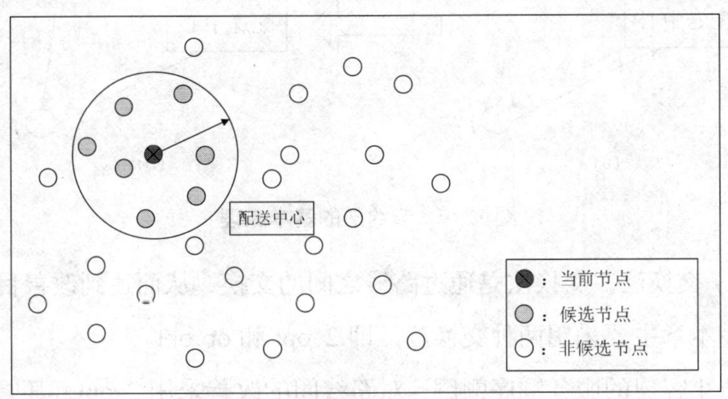

图 12–8　候选节点示意图

4．集成其他算法策略

蚁群算法易与传统启发式算法相结合的特点，决定其具有很强的耦合性，因此将节约法、交换法两种简洁高效的优化算法集成到蚁群算法中，可大幅度提高算法的求解速度。

（1）节约法。节约法由 Clarke 和 Wright 在 1964 年首先提出。其出发点很朴素，如图 12–9（a）所示，由配送中心向两个用户 i、j 各派一辆车运送货物。如果装载量、时间窗及总里程等允许，则可只派一辆车按图 12–9（b）的路线进行安排。两种方案相比，可得节约量为：

$$\begin{aligned} s_{ij} &= 2d_{0i} + 2d_{0j} - d_{0i} - d_{0j} - d_{ij} \\ &= d_{0i} + d_{0j} - d_{ij} \end{aligned} \tag{12-5}$$

式中，d_{0i} 为配送中心到客户 i 的距离；d_{0j} 为配送中心到客户 j 的距离；d_{ij} 为客户 i 到客户 j 的距离。

根据式（12-5），按节约量的大小，将各用户依次合并，可以不断改进初始方案。

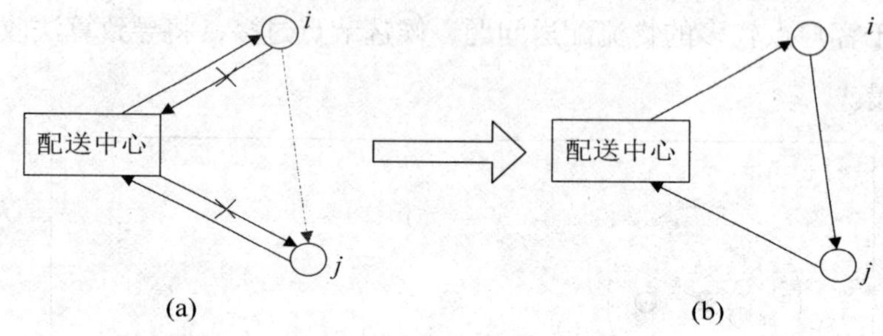

图 12-9　节约法的基本原理

（2）交换法。交换法是通过路线之间的交换，从而达到改善目标函数的目的，本章主要采用两种交换法，即 2-opt 和 or-opt。

为防止客户的服务顺序颠倒，对路线间的改善采用 2-opt，其原理如图 12-10 所示。以客户点 i 为主，找出 h 个客户点 i 的临近客户点 $j+1$，并判断若交换路段（i，$i+1$）、（j，$j+1$）为（i，$j+1$）、（j，$i+1$）是否满足时间窗约束条件并改善目标函数，若是，则交换（i，$i+1$）、（j，$j+1$）为（i，$j+1$）、（j，$i+1$）。

or-opt 主要适用于对路线内的客户位置进行改善，其原理如图 12-11 所示。以客户点 i 为主，找出同一路线中客户点 i 的 h 个临近客户点 j，并判断插入到客户点 j 与 $j+1$ 之间是否满足时间窗约束条件并改善目标函数，若是则将客户点 i 插入到客户点 j 与 $j+1$ 之间。

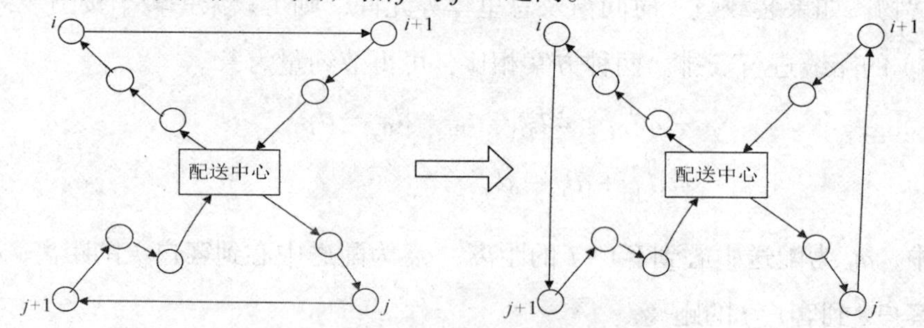

图 12-10　2-opt 原理

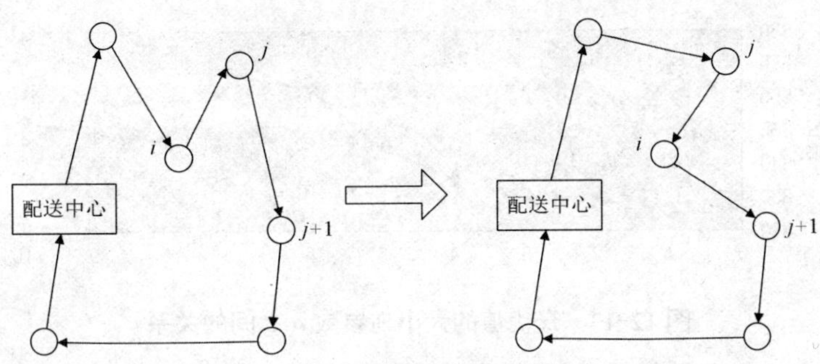

图 12-11　or-opt 原理

5．混合蚁群算法的参数设置

由于 HACO 算法中涉及大量的参数，如 m、α、β、p_t 以及 ρ 等，这些参数的变化将会对最终结果的质量产生重要的影响。因此，在国际上通用的 VRPTW 测试题库——Benchmark problems 中，随机选择 C1-01 问题为例，通过大量的实验测试，对算法中的 m、α、β、Q 等关键参数进行研究，从而说明如何对参数进行设置，实现算法的整体性能最优。

（1）参数 m。最优值的大小与参数 m 之间的关系如图 12-12 所示。当 m>35 时，算法的性能很难得到进一步改进。因此，当 $m \in [0.3n, 0.4n]$（n 为节点数量）时，算法的性能最优。

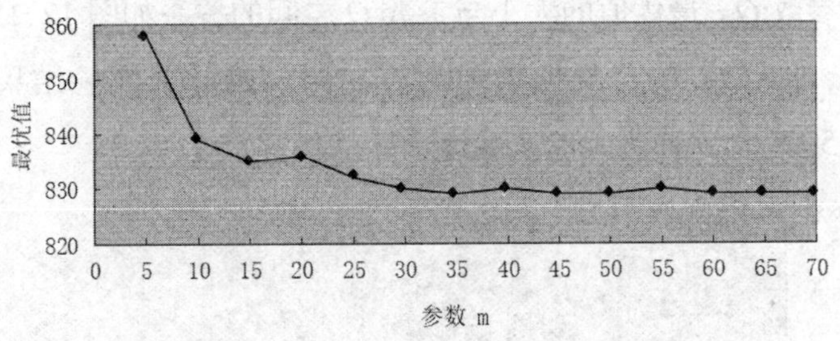

图 12-12　最优值的大小与参数 m 之间的关系

（2）参数 α。最优值的大小与参数 α 之间的关系如图 12-13 所示。一方面，α 越小，算法的收敛速度越慢。另一方面，α 越大，HACO 越容易陷入局部最优值。因此，当 $\alpha \in [2，3]$时，算法的性能相对较好。

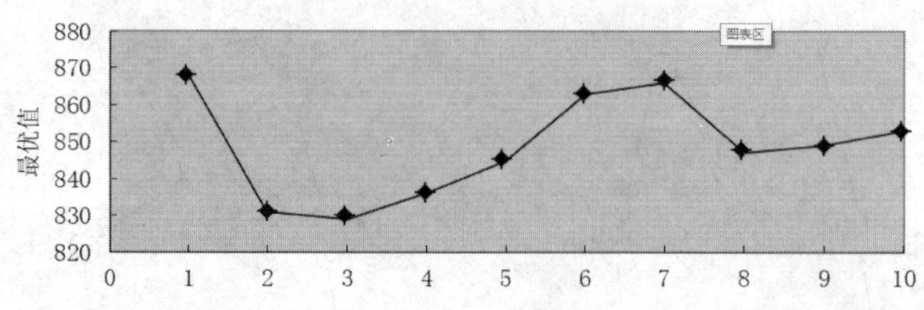

图 12-13　最优值的大小与参数 α 之间的关系

（3）参数 β。最优值的大小与参数 β 之间的关系如图 12-14 所示。一方面，当 β 较小时，蚂蚁将随机对解空间进行搜索，因此，HACO 很难得到全局最优解。另一方面，当 β 增大时，算法的收敛速度将越来越慢。因此，当 $\beta \in [4, 6]$时，算法的性能相对较好。

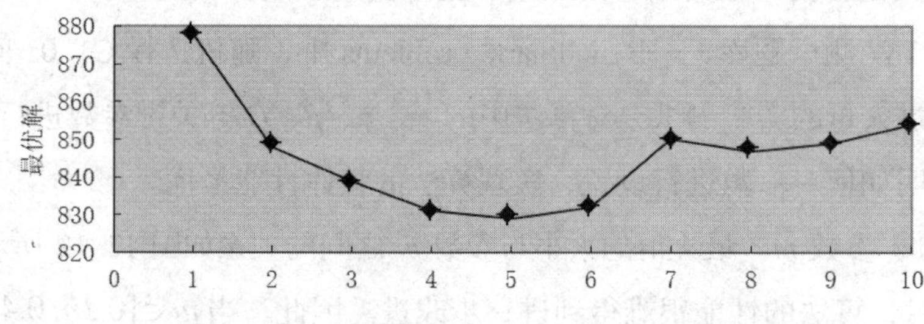

图 12-14　最优值的大小与参数 β 之间的关系

（4）参数 Q。最优值的大小与参数 Q 之间的关系如图 12-15 所示。当 Q>500 时，HACO 的全局搜索能力将变差。因此，实验结果表明，当 $Q \in [300, 500]$ 时，算法的性能最优。

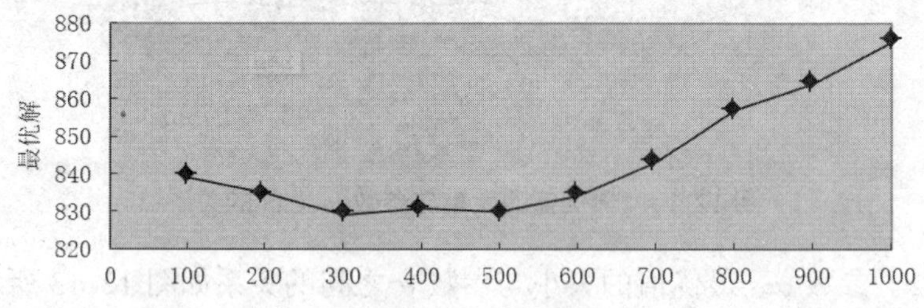

图 12-15　最优值的大小与参数 Q 之间的关系

12.3.3 求解方法的处理步骤

根据 12.3.1 节的基本框架，求解方法的处理步骤如下：

步骤 1：初始化各参数，读取客户资料，确定决策者的偏好区域，设找到全局满意解 S_{global}，迭代计数器 nc=0，将 m 只蚂蚁置于配送中心（为扩大组合范围、增加可行解产生的条件，m 可取较大值。若在搜索过程中，现有蚂蚁数量仍不能保证所有客户点都被访问，则增加蚂蚁数量），分别以 n 个客户点为起点，建立候选节点列表。

步骤 2：对于每一只蚂蚁 i，在候选节点列表中找出所有未走过的节点，并在这些节点中按照式（12-6）选择蚂蚁的下一个旅行节点 j：

$$j=\begin{cases}\arg\max\limits_{j\notin tabu_k}[\tau_{ij}(t)]^{\alpha}[\eta_{ij}(t)]^{\beta}[\mu_{ij}]^{\gamma}, & q\leqslant p_t\\ \text{随机选择}\quad j\notin tabu_k, & \text{其他}\end{cases}\tag{12-6}$$

式中，$tabu_k$（k=1，2，…，m）为禁忌表，记录蚂蚁 k 当前所走过的所有节点；τ_{ij} 和 η_{ij} 分别表示信息素浓度和能见度（两点距离 d_{ij} 的倒数）；μ_{ij} 为吸收节约法引入的节约值；α、β、γ 为各变量的相对重要程度；q 是一个随机数，$q\in[0,1]$；p_t 初始值取为 p_0=1，随进化的过程动态调整。

步骤 3：判断已搜索的蚂蚁总数是否等于 m，若是，执行步骤 4；否则，还有蚂蚁未进行搜索，返回步骤 2，直到所有蚂蚁都进行搜索为止。

步骤 4：根据每只蚂蚁的搜索路径，计算目标函数中各目标的值。

步骤 5：将各目标转化为空间中的矢量，在偏好区域内，计算矢量和的大小，保存矢量和的极小值 F_{local}，并设置相应的路径为当前最优路径。

步骤 6：对当前最优路径实施交换法。若 F_{local} 得到改善，更新 F_{local} 和当前最优路径表。

步骤 7：对当前最优路径实施交叉策略。若 F_{local} 得到改善，更新 F_{local} 和当前最优路径表。

步骤 8：使用小随机概率来决定发生变异的路径，决定后将路径上的信息素置为信息素最小值，并重新计算矢量和的大小。若 F_{local} 得到改善，更新 F_{local} 和当前最优路径表。

步骤 9：对所有路径上的信息素按式（12-7）进行动态更新：

$$\tau_{ij}^{\text{new}} = \rho\tau_{ij}^{\text{old}} + \Delta\tau_{ij} \tag{12-7}$$

式中，ρ 为信息素保留程度，ρ 的初始值为 1，随进化的过程动态调整；$\Delta\tau_{ij}$ 为路段（i，j）上的信息素增量。信息素更新后，吸收最值蚂蚁算法与信息素平滑的思想，即当 $\tau_{ij}>\tau_{\max}$ 时，用 $\tau_{\max}$ 替换 τ_{ij}，当 $\tau_{ij}<\tau_{\min}$ 时，用（$\tau_{\min}+\tau_{\max}$）/2 替换 τ_{ij}，便于蚂蚁产生新的搜索路线。

步骤 10：判断全局满意解 S_{global} 是否得到改善，若是，更新 S_{global}。

步骤 11：当迭代到一定次数，进化方向基本确定时，为更好地对解空间进行搜索，动态调整确定性选择概率 p_t 与信息素保留程度 ρ。

对于 p_t，其调整规则如下：

$$p_t = \begin{cases} 0.95p_{t-1}, & 0.95p_{t-1} \geqslant p_{\min} \\ p_{\min}, & \text{其他} \end{cases} \tag{12-8}$$

式中，$p_{\min}$ 为进化过程中确定性选择概率 p_t 的最小值，用以确保当 p_t 过小时仍然保持一定的确定性选择机会。

对于 ρ，其调整规则如下：

$$\rho_n = \begin{cases} 0.95\rho_{n-1}, & 0.95\rho_{n-1} \geqslant \rho_{\min} \\ \rho_{\min}, & \text{其他} \end{cases} \tag{12-9}$$

式中，$\rho_{\min}$ 为进化过程中 ρ 的最小值，用以防止 ρ 过小而降低算法的收敛速度。

步骤 12：判断 nc 是否等于最大迭代次数，若是，则输出全局最优解；否则，清空禁忌表，跳回步骤 2，重新计算。

步骤 13：决策者评价全局最优解所对应的多目标优化问题的解是否满意，若是，则流程结束；否则，返回步骤 1，重复进行上述步骤。

求解方法的流程如图 12-16 所示。

12.3.4　求解方法的设计与实现

1．系统需求分析

对于用来求解干扰管理模型的演示程序，是要提供一个用户界面相对友好、功能相对完善的演示软件。另外要求该演示软件具有方便修改、易于扩充为真正实用的软件工具的能力。

演示软件将首先提供初始化参数设置界面，用于蚂蚁数量、车的行驶速度等初始参数的输入。参数设置完毕后进入软件主页面，用户可以首先选择求解问题的题号，之后进行路线的搜索。另外，软件还提供给用户查看所有车辆行驶路线以及到达各客户时间的功能。由于搜索通常要进行相当长的一段时间，所以在演示软件中应提供给用户友好的反馈结果，即当搜索出更好的结果时，更新车辆行驶路线以及到达各客户的时间。另外，演示软件还应当进行简单的输入检查，避免产生异常。

根据以上描述，演示软件将可以分为以下两部分，第一部分为界面部分，第二部分为逻辑部分。

界面部分的主要功能是检查和响应用户的输入、设置初始参数、处理图形界面、显示车辆路线以及到达各客户的时间等，另外还要根据搜索的进展更新图形界面和车辆路线界面的显示信息。该部分主要包括四个类：Demo、VRP_count、IASDemoFrame 和 RouteDis。其中，Demo 提供程序的入口；VRP_count 提供初始化参数的设置；IASDemoFrame 提供用户界面的主要功能，即演示帧、用户输入检查、更新图形界面等；RouteDis 提供车辆的行驶路线以及到达各客户的时间。

逻辑部分的主要功能是数据的初始化和路线的搜索，当搜索到扰动更小的结果时通知图形界面更新车辆路线。该部分主要包括两个类：Map 和 Ant。其中 Map 用于保存各个客户点的信息，包括各客户点之间的距离、候选节点列表、节约值等；Ant 为人工蚂蚁类，其最主要的功能是根据一定的策略进行搜索。另外，由于需要进行一些指导蚂蚁搜索的工作，如数据的初始化、控制迭代次数等，引入 Queen 来实现这些功能。Algorithm 则是为了提供一个从图形界面到算法逻辑的接口而特别设计的。

各类之间的逻辑关系如图 12-17 所示。

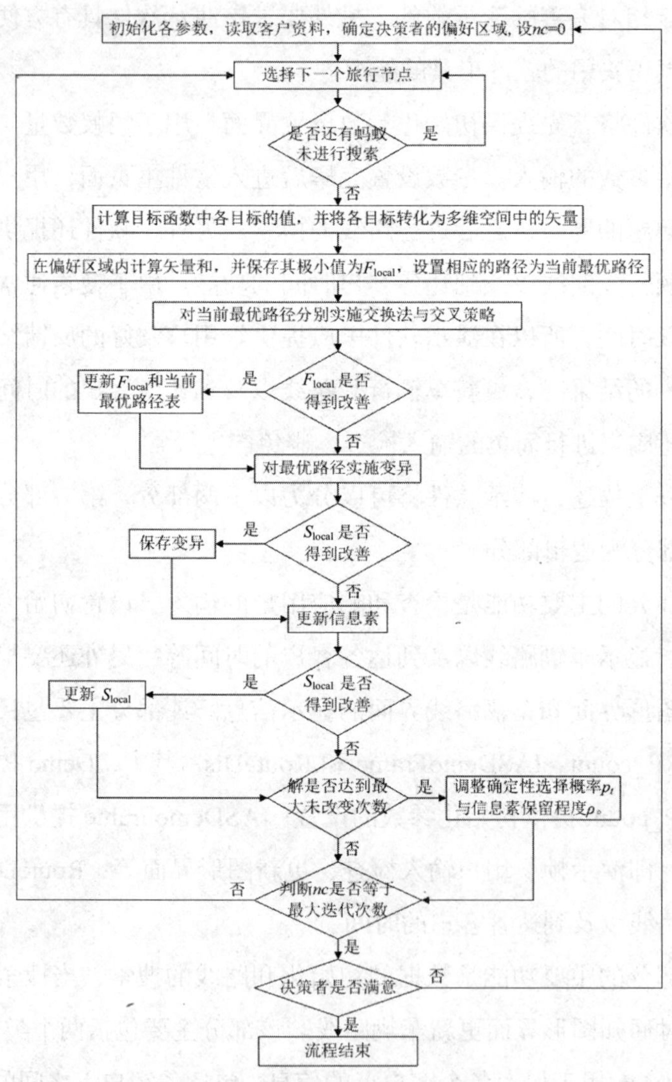

图 12-16　求解方法的流程图

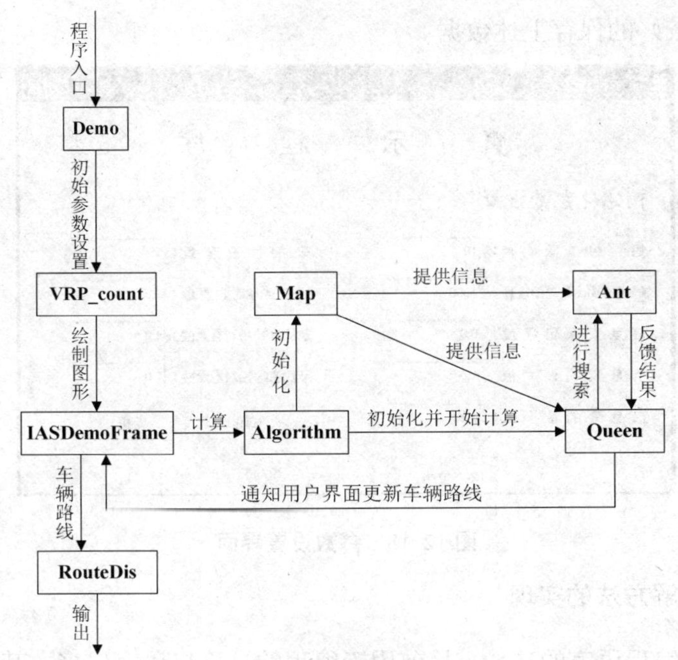

图 12-17　演示软件中各类之间的关系

2. 系统设计

对系统的需求进行分析并利用面向对象的思想设计好程序后，干扰管理模型的求解方法的主干部分就已经完成了。但是还有一些问题需要解决，那就是程序的数据来源问题。这些数据包括配送中心的车辆数目、配送中心的坐标以及要求车辆返回配送中心的最晚时间、各客户点的坐标以及需求等，同时还包括 HACO 算法的初始化参数，如蚂蚁数量、信息素的保留程度等。

对于 HACO 算法的初始化参数，由于不同问题需要的参数不同，如果将这些参数保存在数据库中将会给数据的输入带来很大的重复性，因此在程序开始执行时通过图 12-18 所示的页面对这些参数进行录入。

在数据库中，将主要保存配送中心及各客户点的坐标等固定信息。由于要解决的问题较简单，因此采用较为流行的桌面数据库——Access 数据库，既能较好的保存上述数据。

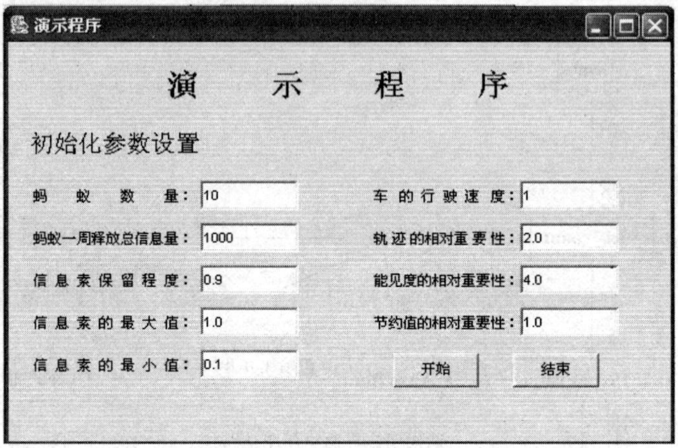

图 12-18　参数设置界面

3．求解方法的实现

（1）编程语言的选择。目前用于编程的计算机语言较多，其中较为流行的有三种：一是 Java，二是 C++，三是 Delphi 或 VB。这三种语言都能实现上述演示软件所要求的功能，但它们的特点各不相同。

Java 是近年来出现的、发展迅速的网络编程语言，其主要优点是：简单、可移植、面向对象、健壮以及安全等。而且 Java 语言与 JSP、Applet 等技术结合紧密，可以形成完整的网络软件体系。另外，由于 Java 的广泛流行，采用 Java 语言设计的程序容易进行沟通与交流。Java 的主要缺点是创建对象的代价较高、计算速度较慢等。

C++是在 C 语言基础上增加了面向对象的特性而形成的一种语言，其主要优点是：计算速度快、功能强大、可以对计算机进行低级操作。其缺点也很明显，即编程复杂、容易出错以及不可移植等。

Delphi 和 VB 是另一类广泛应用的编程语言，具有编程界面友好、控件丰富、使用简单等特点，其计算速度介于 C++和 Java 之间。

综上，本章选择 Java 作为演示软件的开发工具，其主要原因有以下几点：

1）Java 的事件监听机制和多线程机制为用户界面的更新提供了便利的工具；

2）Java 清晰的面向对象概念有利于程序的编写和调试，而且有利于将来软件的扩展；

3）Java 体系中的 JSP、Applet 以及其他的网络编程技术有利于演示软件的 B/S 实现；

4）Java 技术的广泛流行，有利于通过 Internet 与其他学者进行交流，从而克服演示软件本身存在的缺陷；

5）Java 的分布式计算功能为实际求解大规模问题提供了强大的支持。

（2）实现过程中遇到的问题和解决方法。系统设计和实现过程中往往会碰到一些系统分析中没有考虑到的问题，例如性能设计、用户界面设计等。下面只对系统实现时遇到的一个主要问题——图形界面刷新问题做出简要分析，并提出解决办法。

对于图形界面的刷新问题，在软件的调试过程中我们发现，虽然每次搜索到更好的结果时，Queen 都向帧对象发送图像的刷新请求，但是由于所有的 CPU 时钟周期都用于继续搜索，图像的更新请求未能及时得到响应。这样导致的结果是：在完成所有的搜索后，系统集中处理刷新请求。由于系统处理一次刷新的时间远远低于肉眼所能分辨的时间差，因此从用户的角度来看，系统只是在完成了所有搜索后把最终结果显示出来，这就无法满足实时更新的要求。为了解决这个问题，应用了 Java 中的多线程技术，即启动一个线程用于 Queen 搜索，当发现更好的搜索结果时，使这个搜索线程休眠 500ms，因此 CPU 就可以处理图形界面的刷新请求了。这样就基本实现了实时更新的要求。

（3）开发平台。本章采用的开发平台为 Borland 公司的 Jbuilder，如图 12-19 所示。

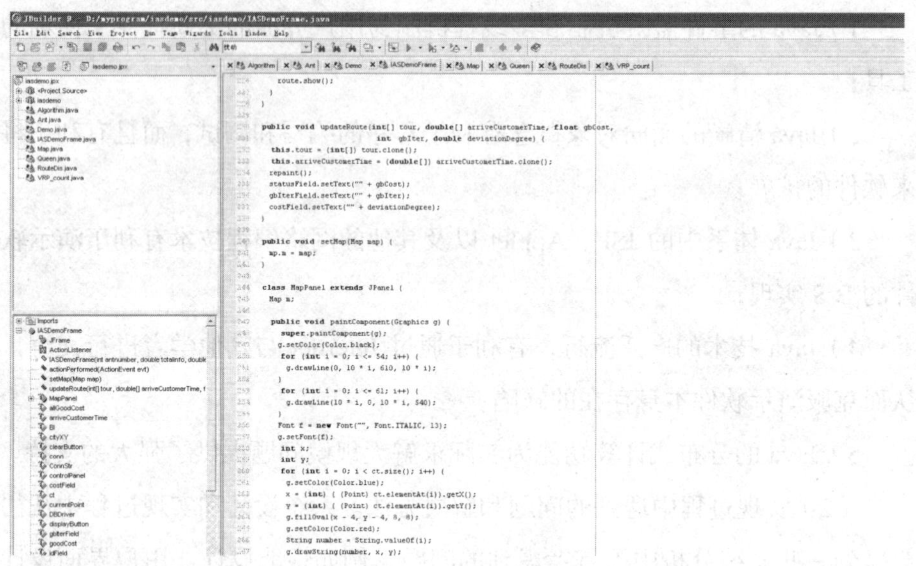

图 12-19　开发平台

（4）演示软件的图形界面。如图 12-20 所示，在界面下方题号处输入具体问题的题号，点击“显示”按钮即用蓝色圆点显示出配送中心和各客户点位置的坐标，同时在各个点处都用红色字体进行标号，配送中心用 0 表示，各客户点从 1 开始依次排列。“开始”按钮用于控制程序是否进行搜索，搜索结果显示在页面的中央。点击“车辆路线”按钮，则出现如图 12-21 所示的界面，用于显示所有车辆的行驶路线以及到达各客户的时间。

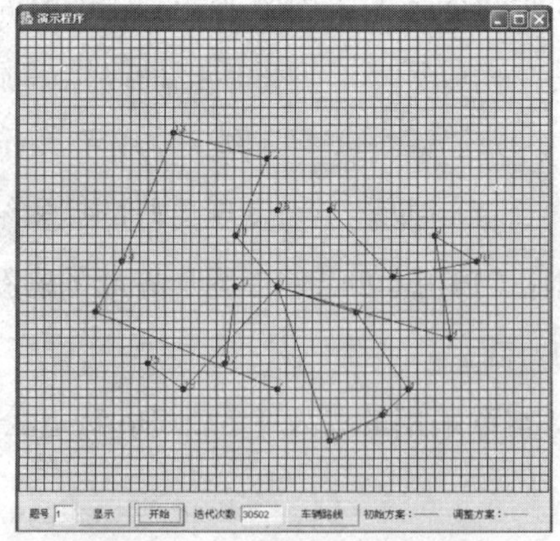

图 12-20　演示软件中图形界面

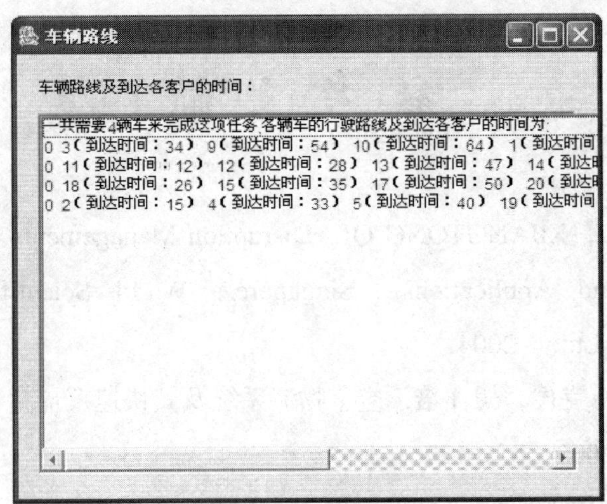
车辆路线
车辆路线及到达各客户的时间：
一共需要 4辆车来完成这项任务.各辆车的行驶路线及到达各客户的时间为:
0 3（到达时间：34） 9（到达时间：54） 10（到达时间：64） 1（到达时间
0 11（到达时间：12） 12（到达时间：28） 13（到达时间：47） 14（到达
0 18（到达时间：26） 15（到达时间：35） 17（到达时间：50） 20（到达
0 2（到达时间：15） 4（到达时间：33） 5（到达时间：40） 19（到达时间

图 12-21　车辆路线

参 考 文 献

[1] GANG YU，XiIANGTONG QI．Disruption Management：Framework，Models and Applications． Singapore： World Scientific Publishing Co．Pte．Ltd．，2004．

[2] 王旭坪，傅克俊，胡祥培．应急物流系统及其快速反应机制研究．中国软科学，2005（6）：127-131．

[3] 王国文．中国物流将如何应急？中国物流与采购，2003（23）：16-17．

[4] 王超，佘廉．社会重大突发事件的预警管理模式．武汉理工大学学报（社会科学版），2005，18（1）：26-29．

[5] CLAUSEN J，HANSEN J，LARSEN J，et al．Disruption management operations research between planning and execution．OR/MS，2001，28（5）：40-43．

[6] 陈安，李铭禄．干扰管理、危机管理和应急管理概念辨析．应急管理汇刊，2006，1（1）：8-9．

[7] HANE C A，BARNHART C，JOHNSON E L，et al．The fleet assignment problem：solving a large-scale integer program. Mathematical Programming，1995（70）：211-232．

[8] AHMAD I．JARRAH，JON GOODSTEIN，RAM NARASIMHAN．An efficient airline re-fleeting model for the incremental modification of planned fleet assignments. Transportation Science，2000，34（4）：349-363．

[9] DUSAN TEODOROVIC，SLOBODAN GUBERINIC．Optimal dispatching strategy on an airline network after a schedule perturbation．European Journal of Operational Research，1984，15（2）：178-182．

[10] XIANGTONG QI, JONATHAN F. BARBD, GANG YU. Disruption management for machine scheduling : The case of SPT schedules. International Journal of Production Economics, 2006, 103(1): 166–184.

[11] 杨磊，马俊，高成修. TSP 的扰动恢复问题及其轮换算法. 武汉大学学报（理学版），2003，49（3）：301–304.

[12] JESPER LARSEN, MICHAEL LØVE, KIM RIIS SØRENSEN, et al. Disruption Management for an Airline–Rescheduling of aircraft. Applications of Evolutionary Computing, 2002, 2279(3): 315–324.

[13] SMITH S F, BECKER M A, KRAMER L A. Continuous Management of Airlift and Tanker Resources: A Constraint–Based Approach. Mathematical and Computer Modelling, 2004, 39（6）: 581–598.

[14] DENNIS HUISMAN, RICHARD FRELING, ALBERT P. M. WAGELMANS. A Robust Solution Approach to the Dynamic Vehicle Scheduling Problem. Transportation Science, 2004, 38（4）: 447–458.

[15] 王明春，高成修，曾永廷. VRPTW 的扰动恢复及其 TABU SEARCH 算法. 数学杂志，2006，26（2）：231–236.

[16] GOU WEI, GANG YU, MARK SONG. Optimization model and algorithm for crew management during airline irregular operations. Journal of Combinatorial Optimization, 1997, 1（3）: 305–321.

[17] GANG YU, MICHAEL ARGUELLO, GAO SONG, et al. McCowan and Anna White. A New Era for Crew Recovery at Continental Airlines. Interfaces, 2003, 33（1）: 5–22.

[18] LADISLAV LETTOVSKY. Airline Operations Recovery: An Optimization Approach. PhD thesis, Georgia Institute of Technology, 1997.

[19] 马辉，林晨. 航班调度应急管理研究. 中国民航学院学报，2005，23

(5)：11-14.

[20] JING QUAN LI, DENIS BORENSTEIN, PITU B. Mirchandani. A decision support system for the single-depot vehicle rescheduling problem. Computers & Operations Research, 2007, 34(4)：1008–1032.

[21] VASILEIOS ZEIMPEKIS, GEORGE M. Giaglis, Ioannis Minis. A dynamic real-time fleet management system for incident handling in city logistics. Vehicular Technology Conference, VTC 2005-Spring, 2005(5)：2900- 2904.

[22] GIAGLIS G M, MINIS I, TATARAKIS A, et al. Minimizing logistics risk through real-time vehicle routing and mobile technologies-Research to date and future trends. International Journal of Physical Distribution & Logistics Management, 2004, 34 (9)：749–764.

[23] JEAN YVES POTVIN, YING XU, ILHAM BENYAHIA. Vehicle routing and scheduling with dynamic travel times. Computers & Operations Research, 2006, 33 (4)：1129–1137.

[24] 张育宏. 商用车辆应急调度研究. 北京工业大学，2005.

[25] 傅克俊，王旭坪，胡祥培. 基于突发事件的物流配送过程建模构想. 物流技术，2005 (10)：263-266.

[26] XIANGTONG QI, JONATHAN F Bard, GANG YU. Supply chain coordination with demand disruptions. Omega, 2004, 32(4)：301-312.

[27] 于辉，陈剑，于刚. 协调供应链如何应对突发事件. 系统工程理论与实践，2005 (7)：9-16.

[28] 于辉，陈剑，于刚. 回购契约下供应链对突发事件的协调应对. 系统工程理论与实践，2005 (8)：38-43.

[29] LEWIS B M, ERERA A L, WHITE III C C. The Impact of Temporary Seaport Closures on Freight Supply Chain Costs. Working Paper, School of

Industrial and Systems Engineering, Georgia Institute of Technology, Atlanta, Georgia, 2005.

[30] CACHON, G P. Stock wars: Inventory competition in a two-echelon supply chain with multiple retailers. Operations Research, 2001, 49(5): 658-674.

[31] CORBETT, C J. Stochastic inventory systems in a supply chain with asymmetric information: Cycle stocks, safety stocks, and consignment stock. Operations Research, 2001, 49 (4): 487-500.

[32] HANEVELD, WILLEM K K, TEUNTER R H. Effects of discounting and demand rate variability on the EOQ. International Journal of Production Economics, 1998 (54): 173-192.

[33] 张存禄,王子萍,黄培清,等. 基于风险控制的供应链结构优化问题. 上海交通大学学报, 2005, 39 (3): 468-478.

[34] 宁钟, 戴俊俊. 期权在供应链风险管理中的应用. 系统工程理论与实践, 2005 (7): 49-54.

[35] BEAN, J C, BIRGE J R, MITTENTHAL J, et al. Matchup scheduling with multiple resources, release dates and disruptions. Operations Research, 1991, 39 (3): 470–483.

[36] ABUMAIZAR R J, SVESTKA J A. Rescheduling job shops under random disruptions. International Journal of Production Research, 1997, 35 (7): 2065-2082.

[37] CHUNG YEE LEE, JOSEPH Y T LEUNG, GANG YU. Two Machine Scheduling Under Disruptions with Transporation Considerations. Journal of Scheduling, 2006, 9 (1): 35-48.

[38] KOUVELIS, P, YU G. Robust Discrete Optimization and Its Applications. Kluwer Academic Publishers, 1997.

[39] KOUVELIS P，DANIELS R L，VAIRAKTARAKIS G. Robust scheduling of a two-machine flow shop with uncertain processing times. IIE Transactions on Scheduling and Logistics，2000（32）：421-432.

[40] AL FAWZANA M A，MOHAMED HAOUARIB. A bi-objective model for robust resource-constrained project scheduling. International Journal of Production Economics，2005，96（2）：175-187.

[41] DAESIK HUR，VINCENT A MABERTB，KURT M BRETTHAUER. Real-time schedule adjustment decisions：a case study. Omega，2004，32（5）：333-344.

[42] ZHU Z，BARD J F，YU G. Disruption management for resource-constrained project scheduling. Journal of the Operational Research Society，2005，56（4）：365-381.

[43] JAN EHRHOFF，SVEN GROTHKLAGS，ULF LORENZ. Playing the repair game：disruption management and robust plans. Information society technology，2004.

[44] O'DONOGHUE C D，PRENDERGAST J G. Implementation and benefits of introducing a computerized maintenance management system into a textile manufacturing company. Journal of Materials Processing Technology，2004，153-154，226-232.

[45] 胡祥培，丁秋雷，张漪，等. 干扰管理研究评述. 管理科学，2007，20（2）：2-8.

[46] GANG YU，XIANGTONG QI. Disruption Management：Framework，Models and Applications. Singapore：World Scientific Publishing Co. Pte. Ltd.，2004.

[47] 王旭坪，傅克俊，胡祥培. 应急物流系统及其快速反应机制研究. 中国软科学，2005（6）：127-131.

[48] 王超，佘廉．社会重大突发事件的预警管理模式．武汉理工大学学报（社会科学版），2005，18（1）：26-29．

[49] HANE C A，BARNHART C，JOHNSON E L，et al．The fleet assignment problem：solving a large-scale integer program．Mathematical Programming，1995（70）：211-232．

[50] AHMAD I Jarrah, JON GOODSTEIN, RAM NARASIMHAN. An efficient airline re-fleeting model for the incremental modification of planned fleet assignments[J]．Transportation Science，2000，34（4）：349-363．

[51] LI PING, XU BING，GU XIN YI. Research on forecast model of schedule risk for project of uncertain network．International Engineering Management Conference，2004．

[52] 罗守成．计划评审技术中的延误惩罚问题．上海第二工业大学学报，2005，22（5）：28-32．

[53] DUSAN TEODOROVIC, SLOBODAN GUBERINIC. Optimal dispatching strategy on an airline network after a schedule perturbation．European Journal of Operational Research，1984，15（2）：178-182．

[54] XIANGTONG QI，JONATHAN F BARDB，GANG YU．Disruption management for machine scheduling：The case of SPT schedules. International Journal of Production Economics, 2006, 103(1)：166-184．

[55] 杨磊，马俊，高成修．TSP 的扰动恢复问题及其轮换算法．武汉大学学报（理学版），2003，49（3）：301-304．

[56] JESPER LARSEN，MICHAEL LØVE，KIM RIIS SØRENSEN，et al．Disruption Management for an Airline-Rescheduling of aircraft．Applications of Evolutionary Computing，2002，2279（3）：315-324．

[57] SMITH S F, BECKER M A, KRAMER L A. Continuous Management of Airlift and Tanker Resources: A Constraint-Based Approach. Mathematical and Computer Modelling, 2004, 39 (6): 581-598.

[58] DENNIS HUISMAN, RICHARD FRELING, ALBERT P M WAGELMANS. A Robust Solution Approach to the Dynamic Vehicle Scheduling Problem. Transportation Science, 2004, 38 (4): 447–458.

[59] 王明春，高成修，曾永廷. VRPTW 的扰动恢复及其 TABU SEARCH 算法. 数学杂志，2006，26 (2): 231-236.

[60] LADISLAV LETTOVSKY. AIRLINE OPERATIONS RECOVERY: An Optimization Approach. PhD thesis, Georgia Institute of Technology, 1997.

[61] GANG YU, MICHAEL ARGUELLO, GAO SONG, et al. McCowan and Anna White. A New Era for Crew Recovery at Continental Airlines. Interfaces, 2003, 33 (1): 5-22.

[62] JINGQUAN LI, DENIS BORENSTEIN, PITU B. Mirchandani. A decision support system for the single-depot vehicle rescheduling problem. Computers & Operations Research, 2007, 34(4): 1008–1032.

[63] VASILEIOS ZEIMPEKIS, GEORGE M GIAGLIS, IOANNIS MINIS. A dynamic real-time fleet management system for incident handling in city logistics. Vehicular Technology Conference, 2005 (5): 2900- 2904.

[64] GIAGLIS G M, MINIS I, TATARAKIS A, et al. Minimizing logistics risk through real-time vehicle routing and mobile technologies-Research to date and future trends. International Journal of Physical Distribution & Logistics Management, 2004, 34 (9): 749–764.

[65] JEAN YVES POTVIN, YING XU, ILHAM BENYAHIA. Vehicle routing and scheduling with dynamic travel times. Computers & Operations Research, 2006, 33 (4): 1129–1137.

[66] XIANGTONG QI，JONATHAN F Bard，GANG YU．Supply chain coordination with demand disruptions．Omega，2004，32（4）：301-312．

[67] 于辉，陈剑，于刚．协调供应链如何应对突发事件．系统工程理论与实践，2005（7）：9-16．

[68] 于辉，陈剑，于刚．回购契约下供应链对突发事件的协调应对．系统工程理论与实践，2005（8）：38-43．